KB151055

예배당으로 본 한국 교회 100년사

왜 조선 교회는
두 개의 문을
만들었는가?

일러두기

1. 인명 및 지명은 외래어 표기법을 따랐으나, 일부는 저자의 의도를 반영해 예외로 두었습니다.
2. 단행본이나 잡지, 신문은 《 》, 짧은 글과 영화, 그림 등의 작품은 〈 〉로 표기하였습니다.
3. 이 책에 수록된 사진은 해당 기관의 허락을 받아 저자가 제공했습니다. 저작권 표기 등의 처리가 필요한 경우 출판사로 연락바랍니다.
4. 본문 2장 정동제일감리교회 벧엘예배당과 3장 양림장로교회 오윈기념각은 책 뒤편에 첨부한 참고문헌을 근거로 재구성하였습니다.

예배당으로 본 한국 교회 100년사

왜 조선 교회는 두 개의 문을 만들었는가?

글 최석호·옥성삼

시루

차례

100년 교회 100년 예배당

생생문화재

1980년대 유럽에서 처음으로 문화유산 관광이 대두할 무렵에는 문화재를 새로운 노다지로 여기고 애지중지 보존하고자 했다. 문화재는 절대 훼손해서는 안 될 인류의 소중한 유산이었다. 문화유산 관광이 전 세계로 확산된 요즘에는 문화재를 원형 그대로 보존해야 한다는 주장(preservationist's argument)보다는 더 많이 활용해야 한다는 주장, 즉 보존과 활용을 동시에 추구하는 보호론(the conservation paradigm)이 더 큰 힘을 얻고 있다. 따라서 도시 재활성화나 재생은 문화재 또는 문화유산의 재활용으로 귀결된다. 우리나라도 예외는 아니다.

문화재청에서는 2018년 지역 문화재 활용 사업으로 '생생 문화재' 132선, '향교·서원 문화재' 95선, '문화재야행' 27선, '전통산사문화재' 34선 등 총 290선을 선정했다. 지역에 있는 문화재에 담긴 의미와 가치를 개발하여 지역 문화 향유 기회를 늘리고, 지역 경제 활성화와 고용 창출에 도움을 주기 위한 사업이다. 생생문화재 활용 사업은 2008년부터, 향교·서원 문화재 활용 사업은 2014년부터, 문화재야행은 2016년부터, 전통산사 활용 사업은 2017년부터 시작했다.

네 가지 사업 중에서 제일 먼저 시행한 생생문화재 사업은 잠자고 있는 문화재의 가치와 의미를 새롭게 발견하고 관광 자원화하여 문화재가 역사교육의 장이자 대표적인 관광지로 발돋움할 수 있도록 기획한 사업이다. 말 그대로 '문화재 문턱을 낮추고 프로그램 품격을 높여서 온 국민을 행복하게' 하고자 한 문화유산 관광이다. 290가지나 되는 지역 문화재 활용 사업 중에서 유독 한 가지 사업이 눈에 뜨인다. 바꿔서 말하면, 기독교 문화재 사업은 290선 사업 중에서 단 하나밖에 없다. 한편으로 아쉽고 다른 한편으로 너무나 소중한 기독교 문화재는 등록문화재 제291호 구 군위성결교회 예배당이다.

군위성결교회 문화재예배당은 정문을 두 개로 만들었다. 오른쪽 정문은 여자가, 왼쪽 정문은 남자가 사용했다. 정동제일감리교회 예배당을 중심으로 왼쪽에 있는 배재학당 학생들은 왼쪽 출입문을 사용했다. 오른쪽에 있는 이화학당 학생들은 오른쪽 출입문을 사용했다. 양림장로교회 오웬기념각, 정동제일감리교회 예배당, 군위성결교회 문화재예배당 등 장로교회·감리교회·성결교회 3대 교단 모두 남녀 출입문을 달리했다. 강한 유교 윤리에 사로잡혀 남녀를 엄격하게 구별하고 살았던 조선 사람들을 배려한 건축이다.

군위성결교회 문화재예배당

군위성결교회는 예수교동양선교회 복음전도관 헤스롭 선교사가 풍금을 팔아서 드린 헌금으로 1920년 10월 15일 창립한 교회다. 1937년 두 번째 예배당인 문화재예배당을 신축하는 과정에서 담임목사 이종익이 순직하는 어려움을 겪는다. 10월 제9대 담임 교역자로 최헌이 부임하고, 그해 12월 17일 헌당한다.

최헌 목사와 성도들이 동방요배를 거부하면서 교회는 두 번째 시련을 겪는다. 1941년 10월 일제는 동네 청년들을 교회당에 모을 터이니 시국 강연을 하라고 요청했다. 최헌 목사는 거절하고 투옥된다. 1941년 12월 최헌 목사는 부흥회에서 〈금수강산

왜 조선 교회는 두 개의 문을 만들었는가?

군위성결교회 두 번째 예배당
등록문화재 제291호 (구)군위성결교회 1937년 신축 기념 사진

가〉, 〈슬프다 고려반도〉, 〈근화동산가〉, 〈우승가〉 등을 찬양하고 또다시 체포된다. 일제가 독립사상을 담고 있는 노래로 분류했기 때문이다. 모진 취조와 고문을 당하고 보안법 위반으로 1년 2개월 11일 동안 옥고를 치른다. 1943년 2월 25일 석방된다. 그러나 1943년 5월 24일 전국 성결교회 교역자 체포령으로 200여 명의 성결교회 교역자들과 함께 다시 옥에 갇힌다. 1943년 12월 29일 일제가 성결교회를 강제 해산하면서 성결교회 교역자들을 기소 중지했다. 그러나 최헌 목사는 계속 옥고를 치른다. 군위성결교회는 일제로부터 제일 먼저 폐쇄되었고, 담임목사 최헌은 일제에 의해 가장 오랫동안 옥에 갇혔다.

고통스럽지만 자랑스러운 신앙은 광복을 맞으면서 다시 한 번 새로운 역사를 쓴다. 제10대 담임 천세광 목사는 양정중학교를 졸업하고 1925년 경성성서학원에 입학한다. 1926년 순종 인산일(국장) 6.10만세운동에 참가하고 8개월 동안 옥고를 치른다. 1940년 삼천포교회 담임목사로 재임 중 신사참배를 거부하고 또다시 7개월 동안 옥에 갇힌다. 1943년 일제가 성결교회 목회자를 모두 구속할 때 세 번째 옥에 갇힌다. 12월 성결교단을 해산하면서 다른 목회자를 석방할 때에도 천세광 목사는 최헌 목사와 마찬가지로 계속 옥고를 치른다. 1944년 2월 기소유예로 석방되었다가 1945년 8월 11일 사상 예비검속 때 마지막으로

왜 조선 교회는 두 개의 문을 만들었는가?

간힌다. 감옥에서 광복을 맞은 천세광 목사는 고향 군위로 달려 간다. 흩어진 성도들을 일일이 찾아 심방하고 9월 5일 해방 기념 예배를 드린다. 군위군 치안 유지위원장으로 광복 뒤 사회질서 를 유지하는 데에도 일익을 담당한 독립유공자다. 평생 38개 교 회를 개척하고 76,000명에게 복음을 전한 전도 대장으로 살다 가 1964년 소천했다.

일제가 교회를 폐쇄하면서 군 농회에 2,310원을 받고 팔아 버린 문화재예배당을 20만 원에 되찾은 것은 1956년이다. 전쟁 의 상흔마저 간직한 예배당은 지난 2006년 문화재예배당이 된 다. 군위성결교회는 생생문화재 사업을 통해 기독교 문화재 해 설사를 양성하여 골목길 성지순례를 활성화하고자 한다. 새천년 에도 자랑스러운 교회 역사를 계속 이어간다.

정동제일감리교회 벧엘예배당

1882년 조미통상조약을 체결한다. 1883년 5월 미국 공사 루시 어스 푸트Lucius H. Foote가 정동에 미국 공사관을 개설한다. 고종 은 답례로 민영익을 전권대로 한 보빙사 일행을 미국에 파견한 다. 1883년 7월 제물포를 출발하여 9월 샌프란시스코에 도착 한 보빙사 일행은 대륙 횡단 열차에 오른다. 워싱턴으로 향하는 열차에서 미국 감리교선교회The Missionary Society of the Methodist Episcopal Church 임원 존 가우처John F. Goucher 목사를 만난다.

가우처 목사는 일본 주재 감리교 선교사를 통해 조선 선교 전망이 밝다는 것을 확인하고 조선 선교 헌금 5,000달러를 드린다. 1884년 미국 북감리교회는 선교사 아펜젤러Henry Gerhard Appenzeller, 1858~1902 목사와 의료 선교사 스크랜튼 박사 그리고 교육 선교사 스크랜튼 부인을 조선 선교사로 임명한다. 1885년 조선에 들어온 이들은 병원·학교·교회 등을 차례로 설립한다. 스크랜튼 부인은 1886년 5월 31일 한 학생을 데리고 이화학당을 시작하고, 아펜젤러는 1886년 6월 8일 두 학생으로 배재학당을 시작한다. 스크랜튼 박사는 제중원에서 알렌을 도와서 일하다가 1886년 6월 15일 시병원施病院을 설립한다.[1]

1887년 아펜젤러는 스크랜튼 부인 명의로 되어 있는 달성 사택 뒷문에서 돌을 던지면 닿을 거리에 있는 작은 초가집을 산다. 벧엘예배당Bethel Chapel이라 이름 짓는다. 한양에 세운 첫 하나님의 집이다. 달성 사택은 정동과 진고개 중간쯤, 현재 한국은행 후문 근처 상동이다. 여기에서 10월 6일 첫 예배를 드린다. 11월 근처에 있는 더 큰 집을 사서 예배당을 옮긴다. 큰 방 중간을 기준으로 병풍을 쳐서 남녀를 좌우로 나누고 예배를 드린다. 그해

왜 조선 교회는 두 개의 문을 만들었는가?

성탄절 첫 조선어 설교를 한다.[2] 이렇게 한양 첫 개신교 교회, 정동제일감리교회를 시작한다.

그러나 고종은 1888년 4월 28일 돌연 포교금지령을 내린다. 천주교회는 종현에 명동성당 예배당을 지으려 한다. 십자가 모양 명동성당은 경복궁을 내려다보는 언덕 위에서 경복궁을 향해 있다. 장소와 위치를 바꾸라는 고종의 권고를 무시하고 건축을 강행하자 고종이 포교금지령을 내린 것이다. 게다가 영아소동baby riot까지 벌어진다. '선교사들이 어린애들을 잡아다가 배재학당 지하실에 가두어두고 잡아먹기도 하고, 눈알을 뽑아서 약에 쓰거나 렌즈를 만든다'는 소문이다. 하는 수 없이 벧엘예배당을 처분한다.

한동안 관망하다가 의주와 평양으로 전도 여행을 떠나면서 선교를 재개한다. 1888년 10월 1일에는 아펜젤러의 집에서 예배를 드리기 시작한다. 1889년 12월 7일 정동계삭회를 시작한다. 정식 교회로 출범했지만 예배는 남녀 각각 따로 드린다. 강한 유교 윤리에 사로잡혀 있는 조선 관료들에게 시빗거리를 만들어주지 않기 위해서다.[3] 정해진 장소는 없었다. 여자는 주로 이화학당이나 스크랜튼 부인 집에서, 남자는 아펜젤러 선교사의 집을 거쳐 배재학당에서 주로 예배를 드린다. 이를 통합하여 단

THE FIRST CHRISTIAN (M. E.) CHURCH EDIFICE.

한양 첫 개신교 교회 정동제일감리교회 벧엘예배당(국립중앙박물관 제공)

일 교회로 합친 것은 1897년 12월 26일 성탄 주일에 동대문 볼드윈예배당과 함께 벧엘예배당을 헌당하면서부터다.[4] 명실공히 정동제일감리교회로 우뚝 선다.

《대한그리스도인회보》는 다음과 같이 벧엘예배당 헌당 소식을 전한다.[5] "2년 반에 걸쳐 지은 아름다운 예배당의 길이는 77척이요, 넓이는 40척, 높이는 25척이다. 그리고 종탑의 높이는 50척이다. 회당 안에 좌우로 좁은 방이 하나씩 있는데 그 길이는 28척, 넓이가 14척이다. 지붕은 함석으로 덮이고 사면에 유리창을 단 명랑한 건물이다. 총 공사비는 8,048.20엔이고, 그중 조선 교인들이 연보한 돈이 693.03원이다."

배재학당과 이화학당 사이 언덕에 정동제일감리교회 벧엘예배당이 있다. 왼쪽 언덕에서 배재학당 학생들이 왼쪽 문으로 드나들고, 오른쪽 언덕에서 이화학당 학생들이 오른쪽 문으로 드나들었다. 예배당 중앙에 장막을 쳐서 남녀가 서로 볼 수 없게 했다. 주일이면 청춘 남녀가 중앙에 있는 교회를 향해 몰려드니 연애당이라 불렀단다. 정작 당사자들은 얼굴도 한 번 본 적이 없다. 남녀를 엄격하게 구분했던 예배 공간을 통합한 것은 1910년대 이후다. 6.25 전쟁 당시 폭격으로 일부 무너지고, 1980년대 화재로 일부 소실되기도 했다. 크고 작은 증축이 있었지만 원래 건축물에 심한 훼손은 없는 채로 오늘에 이른다.

양림장로교회 오웬기념각

광주 양림동 양림오거리에서 양림장로교회 십자가가 높이 보이는 길을 따라 걸어가면 멋진 벽돌 건물이 나온다. 네모반듯한 건물인데 유난히 문이 많다. 정방형 건물 모서리를 중심으로 좌우를 나눠 남녀 출입문을 달리한 '오웬기념각'이다. 숭일학교 남학생들은 왼쪽 출입문, 수피아학교 여학생들은 오른쪽 출입문을 사용했다.

오웬기념각은 선교사들이 대장Captain이라 불렀던 토목기술자 스와인하트M. L. Swineheart가 지은 건물이다. 결원 아치창과 주석기둥 그리고 네덜란드식으로 쌓은 벽돌 등 지금 보아도 전혀 손색이 없는 독특한 서양풍 건물이다. 당시 광주는 물론 인근 고을에서도 구경꾼들이 모여들 정도로 엄청난 건물이었다. 1918년 최흥종 목사의 동생인 의사 최영종과 결혼한 김필례는 1920년 오웬기념각에서 '김필례음악회'를 개최한다. 광주에서 처음 열린 음악회다. 1921년에는 블라디보스톡 교포음악단이 오웬기념각에서 공연을 한다. 남녀가 쌍을 이뤄 사교춤과 탭댄스를 추는 공연이었다. 남녀 출입문이 달랐을 뿐만 아니라 중앙에 휘장을 쳐서 남녀가 서로 볼 수도 없었던 시절이다. 서양 문화와 유교 문화가 충돌한다.

양림장로교회 오웬기념각

광주 양림동에 들어온 미국 남장로교회 선교사와 그 가족들이
오웬기념각 앞에서 1920년에 찍은 사진

목사이자 의사였던 오웬은 1898년 선교사로 조선에 도착한다. 1899년 목포 양동에 오웬진료소를 열고 본격적인 진료를 시작한다. 1900년 정동 언더우드 목사 사택에서 의사이자 선교사였던 파이팅Gerogiana Whitting, 1869-1952과 결혼한다. 1904년 3월 광주에 들러 답사하고 9월부터 공사를 시작하여 12월 15일 임시사택을 완성한다. 성탄절 이브에 유진 벨과 함께 양림동에 도착한다. 성탄절 아침 11시 유진 벨 목사 사택에서 예배를 드림으로 광주선교부를 시작한다. 광주 사람들이 구름같이 몰려든다. 서양 선교사의 집을 구경하러 인산인해를 이룬 것이다. 선교는 순조로웠다. 그러나 1909년 3월 28일 일요일 아침 장흥 전도 여행 중 앓아눕는다.

이튿날 조선 신자들은 오웬 선교사를 가마에 태워서 산 세 개를 넘어 60리 떨어진 장흥읍에 도착한다. 다음 날 아침 가마꾼을 구해 뛰다시피 해서 130리를 더 간다. 새 가마꾼을 사서 밤새 70리를 또 달린다. 수요일 새벽 2시에 양림동에 도착한다. 상태가 호전되는 듯했으나 토요일 아침 급격하게 악화된다. 의료 선교사 윌슨 의사는 급히 목포선교부에 있는 포사이드 의사에게 도움을 요청한다. 포사이드는 다 죽어가는 한센 환자를 자신의 말에 태우고 양림동 언덕에 도착한다. 그러나 오웬은 "나에게 조금만 휴식을 주었으면"이라는 마지막 말을 남기고 떠난다.

왜 조선 교회는 두 개의 문을 만들었는가?

오웬은 네 살 때 아버지를 여의고 할아버지 윌리엄 오웬 William Owen 밑에서 자란다. 오웬은 할아버지의 기념 병원을 짓고자 했으나 성경을 가르칠 건물이 더 절실하다고 생각했다. 농한기인 겨울에 일주일 또는 한 달씩 성경학교를 열었다. 200리나 300리 떨어진 곳에서 북문 안 양림리교회를 찾아온 조선 신자들은 성경공부가 끝난 뒤 교회 처마 밑에서 웅크리고 잠을 청했다. 사람들이 너무 많이 모여들어서 교회에 다 수용할 수 없었던 것이다. 오웬은 무척 안타까웠다. 오웬이 떠난 뒤 미국에서 건축 기금 4,000달러를 모금하여 조선에 보낸다. 1914년 드디어 오웬기념각을 완공한다. 좌우 출입문 위 현판에 "In Memory of William L. and Clement G. Owen(윌리엄 오웬과 클레멘트 오웬을 기념하며)"이라 쓴다.[6]

1

군위성결교회 문화재예배당

군위

순후·질박한 고을

군위 서부지역에는 모혜현(효령현)·이동혜현·노동멱현(군위현) 등 세 고을이 있었다. 신라시대다. 동부지역에 관한 기록은 없지만[7] 고인돌로 추정해보건대 청동기시대부터 마을을 형성한 듯하다. 따라서 군위는 애초에 여러 다른 마을들을 한 행정구역으로 합쳐 부른 이름이다. 그래서인지 삼국시대에는 백제인·신라인·가야인 등이 무시로 군위를 넘나든다. 고려시대와 조선시대에는 여러 계층 사람들이 이주해 들어와서 오늘날 군위를 형성한다.[8] 군위는 여러 나라 사람이 빈번하게 왕래하는 곳이다. 군위 사람은 여러 계층으로 구성된다. 이처럼 군위는 개방적이고 다양한 고을로 자리 잡는다.

왜 조선 교회는 두 개의 문을 만들었는가?

그렇다면 정작 군위는 어떤 고을이고 군위 사람은 누구인가?

지난 2012년 10월 21일 'TV쇼 진품명품'이라는 텔레비전 프로그램에 출품해서 감정을 받은 한 작품 때문에 한바탕 소동이 벌어진다. 군위군 효령면에 사는 도재홍 씨가 출품한 〈열녀서씨포죽도烈女徐氏抱竹圖〉로 무려 10억이나 되는 감정가를 받았다. 〈대동여지도 채색본〉(25억 원), 〈석천한유도〉(15억 원), 〈청자상

〈열녀서씨포죽도〉(개인 소장)

감모란문장구〉(12억 원),〈낙서장만영정〉(12억 원) 등에 이어서 역대 다섯 번째로 높은 감정가다. 흰옷을 입은 여인이 대나무를 부여잡고 있다. 양 옆으로 흰 대나무가 여러 대 솟았다. 그림 속 여인은 군위군 효령면 입향조 성주 도씨 운봉都雲峯에게 시집 온 낭장郎將(정6품 무관) 서사달의 딸 달성서씨達城徐氏다.

효령은 김유신 장군이 이끄는 신라 5만 대군이 이끌고 백제 사비성을 치기 위해 660년 여름 장군동에 진을 친 것에서 유래한 지명이다. 이곳 사람들이 김유신 장군을 '어버이처럼 섬겼다'는 이야기가 전해오면서 신라 35대 경덕왕이 원래 모혜현을 효령현 孝靈縣으로 바꾼 이름이다. 1635년경 성주 도씨들이 다시 한번 고 쳐서 오늘날 명칭인 효령孝令이라 했다. 대장동은 김유신 장군동 이라는 뜻이고, 효령면은 김유신 장군을 어버이처럼 섬긴 고을이 라는 뜻이다. 장군의 사당 김유신사金庾信祠는 지금까지 효령에 남아 있다. 신라 당시에 만든 것이 분명한 두 곳 중 한 곳이다.

사실 군위軍威라는 지명도 여기에서 비롯되었다. 군위 역시 경덕왕 때인 775년에 고쳐 부른 지명이다. 군위는 '군사軍士의 위 세威勢'라는 뜻이다. 이때 군사는 김유신 장군이 이끄는 5만 군사 를 뜻한다.[9] 660년 5월 26일 서라벌을 출발한 장군은 신라군을 이끌고 북상한다. 6월 18일 남천정(이천)까지 올라간다. 고구려

왜 조선 교회는 두 개의 문을 만들었는가?

가 긴장한다. 반대로 백제는 느긋해진다. 신라군은 5만 정병을 뽑아서 다시 남으로 내려와 효령에 전진 기지를 구축한다. 긴장했던 고구려는 안도의 한숨을 쉴 뿐 다시 남하하는 신라군을 감히 칠 생각을 못한다. 갑작스럽게 장거리를 이동함으로써 백제의 방어 전선을 교란시킨다.[10] 이제 백제를 치는 일만 남았다. 7월 9일 황산에서 계백 장군의 5천 결사대를 격파한다. 7월 10일 기벌포에서 소정방과 만나기로 약속하였으나 하루 늦은 7월 11일에야 도착한다. 7월 10일 13만 대군을 이끌고 기벌포에 당도한 소정방은 백제군과 한바탕 혹독한 전투를 치른다. 소정방은 하루 늦게 나타난 김유신을 앞에 두고 신라 장수 김문영을 죽이려 한다. 김유신 장군은 도끼를 들고 뛰어나가 일갈한다.

"대장군(소정방)은 황산의 전투를 보지 않은 터에 기일에 늦은 것으로 죄를 삼으려 하거니와 나는 무고하게 치욕을 당할 수 없으니 기필코 먼저 당군과 결전을 벌인 뒤에 백제를 쳐부수리라."

소정방의 횡포를 일언지하에 잠재운다. 김유신 장군의 기세에 눌린 대장군 소정방은 한 발짝 물러난다. 7월 12일 사비성을 포위한다. 7월 13일 김유신은 소정방에게 선봉을 빼앗기지 않고 당나라군과 나란히 사비성으로 친다.[11] 7월 18일 의자왕이 항복한다.

백제 사비성으로 쳐들어가는 신라 5만 대군의 전진기지가 군위다. 따라서 그림은 군위가 어떤 고을인지, 그리고 군위 사람들이 어떤 사람들인지를 이해하는 데 주요한 단서를 제공한다.

1438년 경상도 감사가 군위 사람 도운봉의 아내 이야기를 세종에게 아뢴다.[12] "군위軍威 사람 도운봉都雲奉이 그 후원後園에 대(竹)를 심고는 매일 이를 완상玩賞하며 즐기다가 운봉이 죽었습니다. 그의 아내 서徐씨는 나이가 28세였다는데, 조석으로 그 후원으로 가서 대나무를 쓸어안고는 애모哀慕하기를 항상 처음 죽었을 때와 같이 하여, 17년간 계속하던 중 하루는 흰 대나무가 그 후원에 돋아났다고 합니다. …… 서씨 집 뒤에 대가 난 것도 한 상질常質의 변이變異이오니, 그의 높은 정절을 표창하여 정문旌門을 세우고 복호復戶함으로써, 뒷사람들을 권장하게 하옵소서."

세종은 경상도 감사가 아뢴 대로 마을에 정문을 세운다. 흰 대나무 그림을 그려오라 명한다. 〈포죽도〉를 보고는 직접 시를 지어 내린다.[13] 그러나 임진왜란을 겪으면서 그림은 불에 타버린다. 지금 성주 도씨 문중에서 대대로 전하고 있는 〈열녀서씨포죽도〉는 정조 19년 1795년 화산관 이명기華山館 李命基, 1756-1813가 다시 그린 그림이다. 장수도에서 찰방으로 일할 때(1793-1795)부터 화산관이라는 호를 사용하기 시작한다. 화산은 군위에 있

왜 조선 교회는 두 개의 문을 만들었는가?

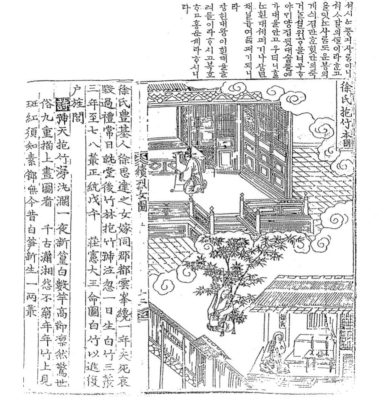

《속삼강행실도續三綱行實圖》에 실린 열녀 서씨 포죽 이야기

는 산이다. 이명기는 도화서 화원으로서 인물화와 채색 나비를 잘 그렸다. 이듬해 정조 임금께서 이명기를 불러서 어진을 그리게 했다. 세손과 함께 직접 나와서 어진 그리는 것을 보고는 돌아서서 웃곤 했다. 얼굴과 수염이 똑같게 되어갔기 때문이다.[14] 조선 후기 최고 감식안은 누가 뭐래도 정조 임금이다. 정조 임금이 두 번씩이나 어진을 그리게 한 화원이 이명기다. 이명기는 이처럼 뛰어난 화원이다.

이명기가 어진을 그리기 한 해 전 찰방으로 있을 때 성주 도씨 청송당공파 군위 성동 문중도필구로부터 부탁을 받고 〈열녀 서씨포죽도〉를 다시 그렸다. 3단으로 구성한 그림 하단 우측에 재실齋室을 그린다. 빈소 앞에 상주가 짚던 대나무 지팡이에 잎이 돋았다. 열녀 서씨가 숲에서 대나무를 부여잡고 있는 장면을 중단에 그린다. 상단에는 안개 낀 산을 그린다. 멀리 보이는 둥근 산에 숲을 미점으로 표현한 것은 겸재 정선의 영향이다. 남종화, 즉 문인화 기법이다. 재실 뒤 무성한 숲과 중단의 정교한 대나무 숲은 단원 김홍도의 필치다. 도화서 화원 기교다. 전문 화가가 문인화를 계승·정착해 나간 것을 확인할 수 있다는 점에서 미술사적 의의가 크다.[15]

순후·질박한 품성을 지닌 사람들이 사는 고을이 군위다. 호

왜 조선 교회는 두 개의 문을 만들었는가?

미와 쟁기를 들고 열심히 농사를 짓는다. 비단옷조차 입지 않는 열녀가 사는 고을이다.

군위 사람들

거룩한 사람들

재흥총회 의장: 천세광 목사

2019년은 천병근 화백 작품으로 온통 도배한 듯하다. 6월 조선
일보미술관에서 "천병근 32주기 유작전"을 개최한다. 이어서 7
월에는 제주 소암기념관에서 "천병근 유작전 - 제주: 40년 만
의 재회"를 연다.

천병근은 1928년 군위에서 태어나 1940년 삼천포소학교를
졸업하고 1945년 일본으로 유학을 떠난다. 귀국한 뒤 목포공립
중학교를 시작으로 여러 학교에서 미술 교사로 재직하면서 작
품활동을 계속한다. 1970년대 8년 동안 제주에 머물면서 중앙
화단과 멀어진다. 1979년 프랑스에서, 1985년 미국에서 각각 활

왜 조선 교회는 두 개의 문을 만들었는가?

천세광 목사 맏아들 천병근 화백 1953년 작품 〈삶〉

(© 천병근 기념사업회)

동하면서 작가로서의 역량을 유감없이 발휘한다. 그러나 1987
년 갑작스럽게 요절하면서 대중의 기억에서 사라져가는 듯했다.
2017년 천병근 유작전 추진위원회가 결성되면서 다시 활발하게
전시회를 개최하며 재평가 작업을 진행하고 있다.

　　광복을 되찾은 뒤 첫 한국미술 해외전이라는 평가를 받고있
는 '한국현대작가전'에서 김환기·박수근·이중섭 등과 어깨를
나란히 한다. 천병근 화백은 추상과 구상을 융합한 초현실주의
작품을 많이 남겼다. 주제로 나눠보면, 〈여인과 호랑이〉, 〈佛〉,
〈우화〉, 〈항아리〉 등 한국미를 추구한 작품과 〈삶〉, 〈기도〉, 〈자
애〉 등 기독교 미술로 대별할 수 있다.

　　특히 눈에 띄는 작품은 〈삶〉이다. 작품 속에 등장하는 두 노
부부 중 한 분은 두 손을 모아 기도하고 있다. 다른 한 분은 성경
을 읽고 있다. 목포에서 미술 교사로 재직하던 시절 〈남농 허건
초상〉, 제주에서 미술 교사 시절 〈소암 현중화 초상〉 등에서 보
듯 천병근의 작품에 등장하는 인물들 중 상당수는 실존 인물이
다. 그렇다면 〈삶〉에 등장하는 노부부 역시 실존 인물일 가능성
이 매우 높다. 그렇다면 누굴까? 아마도 부모님일 것이다.

　　아버지 천세봉은 군위 사람이다. 1928년 경성성서학원을

　　　　왜 조선 교회는 두 개의 문을 만들었는가?

졸업할 무렵 군위에서 낳은 첫아들이 천병근 화백이다. 삼천포 성결교회 담임목사로 재직하던 시절 천병근은 삼천포소학교 를 졸업한다. 광복 뒤 호남교구장으로서 목포성결교회를 담임 하고 있을 때 일본 유학을 마치고 목포공립중학교 미술 교사로 재직한다. 이러한 연유로 기독교는 천병근 화백 작품의 한 축을 차지한다.

천병근 화백의 아버지 천세봉千世鳳, 1904-1964은 1904년 3 월 7일 군위군 소보면 보촌에서 영양 천씨潁陽 千氏 13세손 천기 선千騎善의 장남으로 태어났다.《성결교회인물전 제2집》천세광 편에는 부유한 명망가였다고 기록하고 있다. 할아버지 때문에 부유한 명망가라고 평가하였을 것이다. 할아버지는 대한제국 시절 오위장五衛將을 지낸 뒤 낙향한 분이다. 그런데 불심이 깊 었다고만 기록해 놓았을 뿐 이름조차 전하지 않는다.[16]

천씨는 단일 성씨다. 중국 영양에서 압록강을 건너온 중시 조는 천만리千萬里 장군이다. 임진왜란이 일어나자 조선은 명나 라에 원군을 요청한다. 이여송 제독과 더불어 2만의 병사를 거 느리고 압록강을 건넌 사람이 바로 천만리 장군이다. 평양·직 산·동래 등지에서 삼전삼첩三戰三捷 전과를 거둔 명장이다. 전쟁 을 끝낸 뒤 모든 병사를 회군시키고 본인은 함께 출병한 두 아들 상千祥 그리고 희千僖와 함께 조선에 귀화한다. 조정에서는 천만리 장군의 전공을 기려 화산군花山君에 봉하고 자헌대부 봉조하資憲大夫 奉朝賀(정2품), 벼슬을 내린다. 큰아들 천상은 한성부좌윤 겸 오위도총관漢城府左尹 兼 五衛都摠管(정2품), 작은아들 천희는 사헌부장령司憲府掌令(정4품)을 지낸다.

할아버지가 대한제국 시절 오위장을 지냈다는 표현은 오류인 듯하다. 높은 관직에 오른 분 정도로 보는 것이 마땅할 듯하다. 영양 천씨 중에서 고종 임금 때에 높은 관직에 이른 분은 한 분이다. 알성시에 장원급제하여 대사헌大司憲(종2품)에 이른 천만리 장군의 12세손 천광록晩隱 千光祿, 1851-1931이다.[17] 1892년 고종은 세손을 데리고 문묘에 나아가 작헌례를 행하고 알성문무과를 치렀다.《조선왕조실록朝鮮王朝實錄》은 이날 급제자 중 무과에 이익로, 문과에 천광록 등 두 명만 실명으로 기록하고 있다. 문무과 급제자 수가 291명에 이르렀으나 문과 급제자는 장원급제한 천광록을 포함 5명밖에 되지 않는다.[18] 조선 최고 인재라 해도 과언이 아니다.

외교권을 상실한 1905년을 전후하여 일본을 가까이하지 마시라는 상소(斥倭上疏)를 여러 차례 올린다. 1910년 국권을 상실하자 낙향하여 승려로 고운사에 은거한다. 황실에서는 의성 고운사에 낙향한 천광록에게 만 냥을 내린다. 천광록은 고종 황제의 무병장수를 기원하면서 의성 고운사에 연수전延壽殿을 짓는다.

할아버지 천광록은 점쟁이를 불러서 손자 천세봉의 사주를 본다. 점쟁이는 "단명하여 죽으니 산에 들어가 도를 닦으라"고 한다. 깜짝 놀란 천광록은 천세봉을 군위군 소보면에 있는 법주사[19]에 입적시킨다. 매년 매계절마다 한 번씩 천세봉의 장수 빌기를 15년 동안이나 계속한다. 천세봉은 13세까지 서당에서 공부하고, 14세 된 1917년 군위공립보통학교 2학년에 입학하여 근대식 교육을 받는다.

1920년 상경하여 보성중학에서 공부한다. 고종 황제의 칙명을 받아 내장원경 이용익 대감이 나라를 지킬 인재를 육성하기 위해 1906년 개교한 학교다.[20] 1921년 양정고등보통학교에 입학한다. 군부협판 엄주익이 세운 학교다. 아관파천의 주역 고종 비 순헌황귀비 엄씨는 200만 평에 달하는 땅을 하사한다. 순헌황귀비는 엄주익의 고모다. 입실란티스·체호프·코시치우슈토·마르크스 등이 등장하는 양정고보(양정고등학교) 교호는 보성전문학교(고려대학교)와 동일하다. 원래 양정전문이었으나 1913년 양정고보로 자진 격하하고 졸업생 전원을 보성전문학교로 전학시켰다. 이때 보성전문이 양정고보 역사를 계승하면서 두 학교 교호가 같아진 것이다.[21]

경성성서학원 전경
왼쪽이 경성성서학원, 중간에 있는 비스듬한 건물이 루디아채플이다.

　양정고보 기숙사에서 보이는 큰 건물이 있었다. 천세봉이 양정고보에 입학하던 해인 1921년 완공한 경성성서학원 건물이다. 신축기념 전도집회에 참석한 천세봉은 기독교로 개종한다. 민족을 위해 싸우는 해외 투사들은 모두 기독교 신자여서 동족을 위해 가치 있게 죽기 위해서는 기독교가 필요하다고 생각한 것이다. 1922년 3월 경성성서학원에서 교역자수양대회를 개최한다. 그때 경성성서학원 강당 루디아채플에서 침례를 받던 중 "악마와 용감하게 싸워라!"라는 하늘 음성을 듣고 성령의 검권劍權과 성경 두 권을 받는 환상을 체험한다.[22]

왜 조선 교회는 두 개의 문을 만들었는가?

양정고보 3학년 때에 일본인 교사 거부 운동이 일어난다. 낙향한 천세봉은 의성군 봉양면에 있는 조양학교 교사로 일하다가 군위군 읍내에 있는 근일학교로 자리를 옮겨서 1년 더 교사로 일한다. 그 뒤 조선일보 군위지국에서 일하면서 군위성결교회 집사로 봉직한다. 청년전도대를 조직하여 지교회 비안교회를 세우고 교회학교 교사로 봉사한다. 비안교회 성전건축과 성직자 청빙을 위한 40일 기도회 30일째 천세봉은 대성통곡하면서 통회한다. 다음 날 일본인 교장을 찾아가 보통학교에서 훔친 고서를 돌려주고 용서를 간청한다. 일본인 교장이 "안심하고 가라"며 용서한 날 1923년 11월 16일을 천세봉은 다시 태어난 날로 정한다. 이름을 천세광으로 바꾼다. 온 가족 50여 명을 교회로 인도하고 1925년 경성성서학원에 입학한다.[23]

경성성서학원 재학 중이던 1926년 6월 10일 순종 인산일을 맞는다. 종로6가 오간수문 아래 몸을 숨긴다. 1시 10분 장례행렬이 다다르자 품에 감추었던 태극기를 휘날리며 대한독립만세를 크게 외친다. 7월 1일 조선총독부 사도미간지里見寬二 검사는 보안법 위반 혐의를 적용하여 8개월을 구형한다. 7일 경성지방법원 에도우이쯔오江藤逸夫 판사는 보안법 위반을 적용하여 징역 8개월에 집행유예 3년을 판결한다.[24] 천세광 목사는 6.10독립만세운동으로 마지막까지 기소된 11명 중 한 명이었다.

1개월 동안 옥고를 치르고 기소중지로 풀려난 천세광은 1928년 경성성서학원을 졸업한다. 조치원교회 주임으로 파송을 받은 뒤 1933년 4월 제1회 총회에서 목사 안수를 받는다. 김해교회를 담임한 뒤 1934년 제2회 총회에서 일본 동경교회로 파송 받는다. 다시 조선으로 돌아온 천세광 목사는 1934년 3월 14일 삼천포성결교회 '신축헌금 3천 원 대부흥회' 부흥사로 나선다. 삼천포성결교회는 조선집을 매입하여 첫 예배당으로 꾸몄었다. 첫 예배당을 허문 것은 1935년 6월. 천세광 목사가 인도한 부흥회를 통하여 헌금한 돈으로 1935년 7월 27일 새 예배당을 상량한다.

천세광 목사는 1935년 경주교회에 이어서 1939년 부산교회를 담임한 뒤 1940년 3월 삼천포성결교회에 담임목사로 부임한다. 삼천포성결교회 담임목사로 재임 중 부흥사로 명성을 날린다. 1941년 1월 29일 대구 봉산정성결교회(현 봉산성결교회) 부흥회를 인도하면서 영남성경학교 건축기금을 조성한다.

1942년 4월 천세광 목사는 예배를 드리러 가던 중 일경에게 체포된다. 신사참배 동원령을 거부한 천세광 목사를 구속한 것이다. 모진 고문을 당하는 가운데 급성 이질에 걸려 몸무게가 삼분의 일로 줄어든다. 교도소에 강금 당한 채 추석을 맞은 천세

1934년 3월 17일 삼천포성결교회 부흥회 기념사진

왼쪽에서 세 번째 천세광 목사는 삼천포성결교회 '교회당 신축헌금 3천 원 대부흥회' 부흥사로 나서 2,600원을 모금한다. 삼천포성결교회는 부흥회 헌금으로 건축을 시작하여 1935년 완공한다. 1937년 완공한 군위성결교회와 모양이 비슷하다.

광 목사가 쓴 한시에서 그 고통을 짐작한다.[25]

> 去年此日晉湯賓
> 지난 해 오늘은 우레와 같은 말씀 선포하는[26] 귀한 사람이었는데
>
> 圄圄身世半個年
> 영어의 몸으로 반년을 보낸
>
> 今日何事法語客
> 오늘은 어찌하여 먼 나라의 객이 되었는가
>
> 病魔粉喪故又哀
> 병마에 시달린데다 상복까지 입게 되니 슬프기 그지없구나

그러나 그 와중에도 성서를 15번이나 읽는다. 재소자에게 복음을 전하여 70명을 결신케 한다.

> 轉禍爲福感事件
> 화를 당하였으나 오히려 복 받게 하시니 감사할 따름이라
>
> 聖書愛讀十伍回
> 성서 즐겨 읽기를 열다섯 번
>
> 讀書傳導好機會
> 책 읽고 전도할 수 있는 좋은 기회를 얻으니
>
> 決心信者七十名

왜 조선 교회는 두 개의 문을 만들었는가?

천세광 목사 어머니가 소천하자 일제는 7개월째 복역 중이
던 1942년 11월 병보석으로 석방한다. 그러나 일가족 퇴거령을
내려서 삼천포를 떠나게 만든다. 곧바로 고향 군위로 내려가 요
양한다. 안타깝게도 모진 옥고 후유증을 치료하기 위한 요양마
저도 그리 길지 않았다.

성결교회의 재림 신앙과 일제의 국왕 신격화는 같이 갈 수
없었다. 1943년 5월 24일 일제는 전국 성결교회 성직자들을 구
속한다. 천세광 목사는 또다시 붙잡혀서 대구형무소에 구금된
다. 9개월간 복역한 1944년 2월 기소유예로 풀려난다. 일제는
1944년 12월 29일 모든 성결교회 예배당을 폐쇄한다. 1945년 8
월 11일 사상범 예비검속 때 천세광 목사를 네 번째로 강금한다.

옥중에서 광복을 맞은 천세광 목사는 곧바로 고향 군위로
간다. 9월 5일 첫 예배를 드림으로 군위성결교회를 재건한다. 광
복과 함께 재건하기 시작한 성결교회 중 최초다. 치안유지회 위
원장으로 활동한다. 미군정에 인계한 뒤 경성으로 올라간다. 11
월 9일 성결교회 재흥총회에서 의장으로 선출된다. 성결교회 수
장이 된 천세광 목사는 일제가 폐쇄하고 처분해버린 성결교회

1947년 성결교회 제2차 재흥총회
앞에서 두 번째 줄 왼쪽에서 다섯 번째가 천세광 목사,
여섯 번째가 김영수 목사이다.

200여 개를 재건한다.

　이어서 호남교구장으로 목포성결교회를 담임한다. 대구 봉산성결교회·경남 통영성결교회·부산 영도성결교회 등지에서 목회를 한다. 1953년에는 십자군전도대를 재조직하고 제3대 대장을 맡아서 안동성결교회, 의성성결교회, 원주성결교회 등을 개척한다. 36년 동안 성직자로 살면서 76,294명을 결신케 하고, 38개 교회를 개척했다. 천세광 목사가 증거한 기독교 신앙은 지금도 군위와 한국에 면면히 흐르고 있다.

　　　　　　　　　　　　　　왜 조선 교회는 두 개의 문을 만들었는가?

1962년부터 병마와 싸우기 시작한다. 동족상잔과 민족분단을 가슴 아파한다. 민족이 마음을 찢고 주께로 돌아오면 북방의 적군을 물리치고 고려연방국을 건설하여 통일 대업을 달성하자고 역설한다. 1964년 2월 28일 서울 북아현동 자택에서 하늘 부르심을 받는다.[27]

추기경: 김수환 신부

'기독교는 외국인을 거쳐 전래된 것이 아니요, 북경에 있는 교회당의 작은 정원으로부터 넘실넘실 떠나온 씨가 성장한 것이다.'[28] 성결교회가 조선 사람으로부터 시작한 것처럼 천주교회 역시 조선 사람으로부터 시작한다.

초기에는 주로 노론 시파와 남인 등 지식인 위주였다. 영조임금 때부터 일반에게 확산되기 시작한다. 1778년부터 금압이 시작된다. 1791년 정조 15년 신해년에 선비 권상연이 조상 신주를 파묻고 제사를 폐지하자 참형에 처한다(신해옥사). 정조 승하와 함께 본격적인 박해가 시작된다. 1801년 신유년에 어린 순조가 왕위를 이으면서 영조의 계비 정순대비가 수렴청정한다. 노론 벽파는 정순대비를 등에 업고 시파와 남인을 공격한다. 이가환·권철신 등이 옥사하고, 이승훈·정약종·최필공·홍교만·홍난

민·최철신 등이 참수당하고, 정약전·정약용 등은 유배를 떠난다. 심지어 사도세자의 셋째 아들 은언군과 부인 송씨까지 사사한다. 설상가상으로 황사영 백서사건까지 불거지면서 박해는 일파만파로 퍼지면서 300명 넘는 천주교 신자들이 순교한다(신유대옥). 이때부터 천주교 금압은 정치적인 성격을 띠기 시작한다. 박해를 피해 교우촌을 만들고 숨어살기 시작한다.

1839년 헌종 5년 기해년 순조비 순원왕후가 수렴청정하면서 풍양 조씨가 전면에 나서 제2차 대박해를 시작한다(기해박해). 권득인·이광열 등이 서소문 밖에서 참수된 뒤 박해는 전국으로 확대된다. 앵베르 주교와 모방 신부 그리고 샤스탕 신부 등을 포함해 천주교신자 119명이 순교한다. 신유옥사 때 목숨을 잃은 은언군의 손자 철종이 즉위하면서 천주교 금압을 누그러뜨린다.[29]

1866년 고종 3년 병인년 7월 무장한 미국 상선 제너럴 셔먼호가 대동강을 거슬러 올라온다. 평양 백성을 살육하고 관원을 배에 가둔다. 평안도관찰사 박규수와 평양 백성들은 연환계를 써서 물리친다. 제너럴 셔먼호를 불태우고 선원들을 처단한다.[30] 9월에 프랑스 로즈 제독은 극동함대를 이끌고 강화도를 점령한다. 프랑스 신부 살해자 처벌과 통상조약 체결을 요구한다. 흥선

대원군은 로즈 제독의 요구를 묵살한다. 순무영을 설치하고 공격에 나선다. 한성근 부대가 문수산성에서, 양헌수 부대가 정족산성에서 큰 공을 세운다. 프랑스 군대는 강화행궁과 외규장각에서 군수물자와 금은보화 그리고 귀중한 도서를 약탈한다. 강화도 일대를 방화하고 11월에 물러간다. 1871년 고종 8년 신미년 4월에는 미국 군함 5척 1,200명 군대가 강화도를 공격한다. 제너럴 셔먼호 광성보에서 어재연 부대가 결사항전한다.[31] 비록 패전하기는 했지만 미국 군대도 자진 철수한다.

흥선대원군은 대외정책을 선회한다. 천주교 신자가 서양 열강들의 조선 침략을 부채질하고 있다고 확신한다. 1866년부터 1871년까지 7년 동안 8,000명 넘는 천주교 신자를 처형한다 (병인박해). 서양오랑캐와 싸우기로 작정한다. 전국 곳곳에 척화비를 세운다

신해옥사辛亥獄事와 신유대옥辛酉大獄을 전후한 시기부터 천주교 신자들은 교우촌을 만들고 전국 곳곳에 숨어 산다. 주로 옹기장사를 하면서 생활했다. 군위에 처음 만들어진 교우촌은 소보면 달산리 법주교우촌이다. 전라도 지역과 경상도 지역 천주교 신자들을 잡아들였던 1827년 정해박해를 피해 온 신자들이다. 1866년 병인박해 때는 군위읍 용대리에 용대교우촌이

군위 척화비

"洋夷侵犯 非戰則和 主和賣國(서양 오랑캐가 침범하는데도 싸우지 않는다면 강화를 할 수 밖에 없다. 강화한다면 그것은 나라를 팔아먹는 짓이다.)" 1866년 병인년에 짓고 1871년 신미년에 세운다고 기록해 놓았다(丙寅作辛未立). 병인양요가 일어난 1866년부터 신미양요가 일어난 1871년 사이 7년 동안 천주교 신자 8,000명이 목숨을 잃었다.

생겼다. 모두 옹기굴이 있는 곳이다. 생계를 꾸려 갈 수도 있었지만, 군위 사람들의 순후·질박한 품성도 잘 알았기 때문일 것이다. 숫자가 늘어나면서 1882년 처음으로 법주공소를 형성한다.[32]

1917년 군위군 용대리로 이사 온 이윤석 베드로가 용대공소를 설립한다. 이윤석 베드로는 김수환 추기경의 큰 누나 김계분 데레사의 남편이다. 김수환 추기경이 용대리로 이사 온 것은 네 살 때인 1926년이다. 큰아버지가 파산한다. 빚보증을 선 아버지 김영석은 대구 옹기전과 초가집을 잃는다. 어머니와 매형 그리고 둘째 형은 유덕수 씨 옹기굴에서 일한다. 추기경의 아호 옹기甕器는 여기에서 비롯된다. 이제 추기경의 집은 용대공소가 된다. 누추한 초가삼간이었으나 벽지는 늘 깨끗했다. 6개월에 한 번씩 가실본당에서 신부님이 들리셨다. 군위보통학교 5학년을 수료한 추기경은 열두 살 때 용대리 집을 떠나 다시 대구로 간다. 열두 살 된 1934년 성유스티노 신학교 예비과 5학년에 편입한다. 1936년 3월 25일 서울 동성학교 을조에 입학한다. 본격적인 신학 수업을 받기 전 단계로 소신학교다.[33]

1941년 동성학교 을조 졸업과 동시에 일본 조오지대학上智大學 문학부 철학과에 입학한다. 일제의 학도병 미지원자 동원령

김수환 추기경 생가

김수환 추기경은 1922년 대구 남산동에서 태어났다. 지금은 집터도 남아있지 않다. 군위군 용대리에 있는 생가는 1926년 이사 와서 초등학교 5학년 때까지 생활한 곳이다. 이후로 대구 유스티노 소신학교, 서울 동성학교 을조, 일본 조지대 철학과 등에서 학업을 계속 이어갔다. 따라서 가장 오랜 시간 동안 가족과 생활한 곳이 군위군 용대리 초가삼간이다. 사실상 생가라고 할 수 있겠다.

에 따라 학병으로 끌려가서 지치지마섬 경비병으로 근무한다. 광복 후 일본군 전범재판 증인으로 괌에서 생활하다가 1947년 귀국한다. 성신대학(현 가톨릭대학교) 신학대학 본과에 편입한다. 1951년 대구대교구 계산성당에서 사제 서품을 받는다. 1956년 독일 뮌스터대학교 신학부에 입학하여 종교사회학을 전공한다. 1964년 박사 학위 과정을 수료하고 논문을 쓰던 중 가톨릭시보사(현 가톨릭신문사) 사장으로 귀국한다. 1968년 서울대교구장 대주교 서임을 받고 이듬해 세계 최연소 추기경이 된다.

1980년 5월 31일 추기경은 광주로 내려가 3일 동안 광주시민들의 이야기를 듣는다. 7월 12일 계엄사령부가 신부들을 연행·조사한다. 7월 22일 '광주시민의 아픔에 동참하며'라는 제목의 담화문을 통해 "신부들이 광주사태의 진상을 고의적으로 왜곡하고 허위사실을 유인물로 제작하여 일반 시민들에게 배포했다"는 계엄사령부의 발표를 정면으로 반박한다.[34]

1986년 12월 24일 오후 상계동 철거 현장에서 생활하고 있는 손인숙 수녀가 추기경에 전화를 한다. "추기경님, 조금 전에 깡패들이 와서 오늘 저녁 성탄전야 미사를 위해 단장한 천막을 부수고 사람들이 모이지도 못하게 구덩이까지 팠어요. 그 난리통에 미사 전례 성구들도 분실됐고요. 아무래도 장소가 너무 엉망이라 미사 봉헌이 어려울 것 같아서 연락드렸어요." 분노와 슬픔으로 가득 찬 손인숙 수녀 전화를 받고 추기경은 상계동으로 간다. 그날 밤 김수환 추기경은 상계동 철거민들을 위해 천막도 없는 맨땅 위에서 성탄전야 미사를 드렸다.[35]

1987년 1월 14일 서울대학교 박종철 학생이 남영동 대공분실에서 사망한다. 1월 16일 강민창 치안본부장은 "책상을 쾅 치니 억하고 죽었다"고 기자회견을 하고, 1월 19일에는 "대공수사관 2명이 물고문을 해서 사망했다"고 하루짜리 자체조사 결과를 발표한다. 1월 26일 오후 6시 30분 김수환 추기경, 윤공희 대주교, 지학순 주교 등 100여 명 사제단이 공동으로 미사를 집전한다. 명동성당은 물론이거니와 성당으로 올라오는 언덕까지 사람으로 꽉 찬다. 옥외스피커를 통해 추기경의 카랑카랑한 목소리가 흘러나온다. "오늘 제1독서에서, 하느님께서 동생 아벨을 죽인 카인에게 '네 아우 아벨은 어디 있느냐?'라고 물으시니, 카인은 '제가 아우를 지키는 사람입니까?' 하고 잡아떼며 모른다고 합니다. 창세기의 이 물음이 오늘 우리에게 던져지고 있습니다. 지금 하느님께서는 우리에게 묻고 계십니다. '너희 아들, 너희 제자, 너희 젊은이, 네 국민의 한 사람인 박종철은 어디 있느냐?' 오늘 이 성전에서 근본적으로 박종철 군의 죽음에 책임이 있는 이 정권에 대해 우선 하고 싶은 한마디 말은 '하늘이 두렵지 않으냐?'

하는 것입니다."[36]

　　문민정부가 들어선 뒤로 성수대교 붕괴, 도시가스 폭발, 페
리호 침몰, 열차 전복 등 사고가 줄을 이었다. 1995년 6월 30일
삼풍백화점이 붕괴했다. 김수환 추기경은 피해가 발생한 서초동
성당으로 가서 희생자를 위한 추모 미사를 드린다. 광주민주화운
동 현장으로 내려갔을 때와 마찬가지로 묵묵히 희생자 가족들의
이야기를 듣는다.[37] 1996년 4월 명동성당에서 세 번째 외국인노
동자축제를 열었다. 오전 행사가 끝나자 김수환 추기경은 미사를
집전한다. 영어로 강론한다. "예수님은 인간이 서로 사랑하고 함
께 살아갈 수 있는 공동체를 건설하기를 원하셨습니다. 여러분은
어쩌면 부당한 대우나 오해 또는 그리스도처럼 조롱당하거나 폭
력으로 시달린 경험이 있을지도 모릅니다. 여러분이 속임을 당하
거나 구타를 당하거나 폭력으로 고통을 받은 일이 있다면, 제가
한국인의 한 사람으로 그들을 대신해서 사과드립니다. 저는 저의
사과가 한국과 여러분의 관계를 회복시키고, 새로운 평화가 정
립되기를 바랍니다."[38] 1998년 6월 20일 오전 11시 송별 미사를
끝으로 명동성당을 떠난다. "친애하는 형제·자매 여러분, 30년간
봉직하였던 교구장직을 떠나면서 여러분과 함께 이 미사를 봉헌
할 수 있게 되어 기쁩니다. 30년 동안 도와주신 여러분께 감사드
립니다. 혹시 상처와 실망을 드린 일이 있더라도 너그럽게 용서

해주시기 바랍니다."[39] 2002년 11월 22일 추기경의 아호를 딴 '옹기장학회'를 발족한다. 북한 선교와 중국 선교 등 북방 선교를 감당할 선교사제를 양성하기 위한 장학재단이다.[40] 2009년 2월 16일 폐렴 증세로 병세가 급격히 악화된다. 문병 온 정진석 추기경과 염수정 주교 등 서울대교구 주교단과 명동성당 주임 박몬시뇰 신부에게 마지막 인사를 건넨다. "정말로 고맙습니다. 여러분들도 사랑하세요." 6시 12분, 87세를 일기로 운명한다. 명동성당 십자가 아래 추기경 휘장과 검은 리본을 드리운다. 다음 날 시각장애인 두 명이 각막이식수술을 받고 빛을 되찾는다. 추기경이 마지막으로 세상에 남기고 간 사랑이다.[41]

보각국사: 일연 스님

고려 희종 2년 1206년 6월 김언필金彦弼과 낙랑군부인 이씨는 경주 장산군(현 경북 경산시)에서 아들을 낳는다.[42] 해 덩어리가 방으로 들어오더니 사흘 밤낮으로 자신의 배에 햇볕을 비추는 태몽을 꾼다. 재주가 뛰어나고, 몸가짐이 단정하고, 소처럼 걷고, 범처럼 당당한 아이 일연一然, 1206-1289을 낳는다. 조실부모하고 9살 된 때 해양(현 광주광역시) 무량사에 가서 의지한다.

14살 된 1219년 강원도 양양 진전사陳田寺에서 대웅大雄에

인각사 보조국사비(왼쪽 ⓒ 문화재청) **/ 탁본**(오른쪽 ⓒ 국립중앙박물관)
1289년 일연 입적 뒤 1295년 비를 세웠다. 정유재란 때 훼손되었다. 비는 깨졌고 비명은 마모되어서 판독 불가능하다. 여러 종류 탁본이 있어서 부분적으로 복원하였다. 지난 2006년 정병산 교수 주도로 실체에 가깝게 복원하였다.

게 나가서 머리를 깎는다. 진전사는 신라말 구산선문 가운데 첫 산문인 가지산문迦智山門을 개창한 도의국사道義國師가 머물던 곳이다. 도의국사는 염거廉居에게, 염거는 보조선사 체징普照禪師 體澄, 804-880에게 법을 전한다. 835년 헌안왕은 보조선사를 초청한다. 전남 장흥군 가지산迦智山에 보림사를 개창한다. 경문왕 원년 861년 가지산문을 형성한다. 태조 왕건과 뜻을 같이한 가지산문 소속 보양寶壤이 운문사를 중심으로 활동한다. 고려 초부터 가지산문은 그 중심을 운문사에 둔다. 그러나 고려사회가 안정되면서 가지산문은 극도로 약화된다. 고려 인종 즉위년 1122년 가지산문에 속한 원응국사 학일圓應國師 學一, 1052-1144을 국사로 책봉한다. 1129년 학일이 경상북도 청도군 운문사로 은퇴하자 많은 승려들이 운문사로 운집한다. 경상도 운문사는 가지산문 중심지로 자리 잡는다.[43]

일연은 고종 14년 1227년, 22살 때 승과에 장원급제한다. 1232년 최씨무신정권은 강화로 천도한다. 몽고군이 대구 부인사 소장 초조대장경을 불태우자 대몽항전 의지가 하늘을 찌른다. 일연은 전란을 피하려고 비슬산으로 숨어들어서 문수보살의 다섯 글자로 된 주문(文殊伍字呪)을 외운다. 문수보살이 나타나서 "무주 북쪽에 있으라"고 계시한다. 1237년 무주 문묘암에서 깨닫는다. 삼계가 허황한 꿈과 같다. 대지가 털끝만큼도 거리낌이 없다.

1249년 정안鄭晏, ?-1264이 남해에 은거하여 정림사定林寺를 짓는다. 아버지 정숙첨鄭叔瞻은 정권을 장악한 최이崔怡의 장인이다. 정안은 일연을 초청한다. 나가서 주지한다. 남해 분사대장도감分司大藏都監에서 대상경을 간행하고 있었다. 정안은 사재를 털어서 고려 조정과 더불어 대장경 약 절반을 간행한다.[44] 1251년 초조대장경을 완성한다. 대장경 조판사업의 절반을 감당한 정안의 사제 정림사 주지 일연과 그의 문도가 대장경 조판사업에 참여하는 것은 당연하다. 일연과 그의 문도들은 남해분사 조판 작업 중 각종 자료를 열람한다.[45] 삼국유사를 집필하고 간행하는데 필요한 정보와 기술을 습득한다.

1259년 무신정권이 붕괴한다. 1260년 원종이 즉위한다. 왕정복고와 함께 원나라 간섭기에 들어간다. 1261년 원종은 일연을 불러서 강화 선원사禪源社에 주석케 한다. 몽고가 쳐들어왔을 때 일연은 은거한다. 최씨무신정권에 비판적이었다. 일연을 사제私第(개인사찰) 정림사에 초청한 정안은 최이의 횡포를 피해 남해에 은거했다. 이어서 집권한 최항은 정안을 강화에 유배 보낸 뒤 물에 빠뜨려 죽인다.[46] 원종을 옹립하여 왕정을 복고한 세력들은 대몽항쟁기 내내 은거한 일연을 부각시킴으로써 불교계를 개편한다. 바야흐로 일연과 가지산문의 시대가 도래한다.

일연은 보조국사 지눌普照國師 知訥, 1158-1210의 법통을 잇는다. 영일 오어사吾魚寺, 대구 인흥사仁興寺 등지에서 주석한다. 1268년 조정의 명을 받들고 운해사雲海寺에서 대장경 낙성법회를 주관한다. 충렬왕 4년 1277년 임금이 내린 조칙에 따라 운문사雲門寺에 주석한다. 《삼국유사》 자료 수집과 함께 집필을 시작한다. 1282년 개경 광명사廣明寺에 주석한다. 1283년 충렬왕이 우승지 염승익을 사신으로 보내서 국사로 책봉하기를 청하고, 이

어서 상장군 나유를 보내서 국사로 책봉하고 호를 원경충조圓俓
沖照라 한다.

　　평소에 서울을 좋아하지 않았다. 늙은 어머니가 고향에 계신
다. 어머니 모시러 고향에 가겠다고 간절히 청한다. 1284년 군위
인각사麟角寺로 내려간다. 1285년 어머니가 96세를 일기로 운명
한다. 일연은 구산문도회九山門徒會를 두 차례 연다.《삼국유사》를
완성한다. 1289년 금강인을 맺고 고요히 입적한다. 나이 84살, 법
납 71세, 시호 보각普覺, 탑호 정조靜照.

　　《삼국유사》기이편에는 단군조선과 위만조선 그리고 조선
왕 준이 세운 마한, 조선 유민들이 흩어져 세운 72국, 오가야와

2008년 제5차 조사를 통해 발굴한 군위 인각사 출토유물

　　　　　　　　　　　　　　왜 조선 교회는 두 개의 문을 만들었는가?

부여 등 삼국 이전 고대국가에 대한 기록이 자세하다.《삼국사기》에서 빠진 고대사의 맥을 이어준다. 단군 개국연대가 중국 요임금과 같은 시대임을 밝힌다. 고려 민족의 역사가 중국 한족과 차이가 없음을 밝힌 것이다. 고려 민족은 단군의 후손이다. 단군조선 마지막 임금 준왕이 바다를 건너와 세운 나라가 마한이다. 단군조선 유민들이 세운 72개국이 원삼국, 즉 마한·진한·변한으로 발전한다. 삼한이 한 민족으로부터 비롯되었다. 무신집정기에 이어서 왕정복고와 원간섭기를 살았던 일연은 민족적 자각을 통해 일치단결함으로써 위기를 극복할 수 있다고 외친다.[47]

　《삼국유사》곳곳에서 부처가 나타난다. 어느 날 행색이 남루한 승려가 왕이 베푸는 재에 참석할 수 있게 해 달라고 청한다. 말석에 앉도록 허락한다. 재가 끝나자 왕이 농담을 한다. "이제 가거든 다른 사람들에게 국왕이 친히 공양하는 재에 참석했다고 말하지 말게나." 승려가 웃으면서 답한다. "폐하께서도 역시 사람들에게 부처님을 공양했다고 말하지 마십시오."[48]

　일연은《삼국유사》로 말한다. 오랜 전란으로 피폐한 백성이 곧 부처다. 하찮은 백성에게 정성을 쏟아라! 최씨 집정기에 강화로 도읍을 옮기고 몽고와 싸운 무신들이 고통을 겪은 것이 아니라 백성들이 고통을 겪었다. 온몸으로 전란을 겪으면서 생활 터전을 지키고 있는 백성은 왕정복고 세력의 든든한 후원자다. 그

三國遺事卷第五

國尊曹溪宗迦智山下麟角寺住持圓徑沖照大禪師一然撰

神呪第六

密本摧邪

善德王德曼遘疾彌留有興輪寺僧法惕應詔侍疾久而無効時有密本法師以德行聞於國左右請代之王詔迎入內本在宸仗外讀藥師經卷軸纔周所持六環飛入寢內刺一老狐與法惕倒擲庭下疾乃廖時本頂上發五色神光覩者皆驚又有相金良圖爲阿孩時忽口噤體硬不言不逐每見一大鬼率群小鬼來家中凡有盤肴皆嘗之巫覡來祭則群聚而爭侮之圖雖欲命撤而口不能言家親請法流寺僧亡名來轉經大鬼命小鬼以鐵槌打僧頭仆地嘔血而死隔數日遣使邀本使還言本法師受我請將來矣衆鬼聞之皆失色小鬼曰法師至將不利避之何幸大力神皆排金甲長戟來捉群鬼縛去次有無數天神環拱而待須臾本至不待開經其疾乃治語通解具說件事良圖因此篤信釋氏一生無怠塑成興輪寺吳堂主彌陁尊像左右菩薩并一老居士交金毅其堂本住金谷寺又金庾信嘗與一老居士交

《삼국유사》 제5권은 일연이《삼국유사》를 지었다는 것을 밝히면서 시작한다. "國尊曹溪宗迦智山下麟角寺住持圓徑沖照大禪師一然撰", 즉 "가지산에 있는 조계종 인각사 주지 국존 대선사 원경충조 일연이 지었다." 삼국유사의 저자가 일연이라고 말할 수 있는 유일한 사료적 증거다. 이를 통해《삼국유사》 저자와 저술 시기를 짐작할 수 있다. 일연이 국존, 즉 국사로 책봉 받은 것은 1283년. 따라서 일연과 그의 문도가《삼국유사》를 찬술한 것은 1283년 이후가 된다.

들이 부처다.

일연의 백성 사랑은 5만 대군의 위세를 보고 고장 이름을 군위라 고쳐 부른 군위 사람의 백성 사랑과 다르지 않다. 일연의 나라 사랑은 김유신 장군을 어버이처럼 섬긴 순후·질박한 군위 사람과 매한가지이다.

한국성결교회

할렐루야 아멘

영국 국교회 목사 사무엘 웨슬리가 낳은 10명 자녀 중에서 일곱째 존 웨슬리John Wesley, 1703-1791로부터 성결교회 역사가 시작된다.[49] 존 웨슬리는 옥스퍼드대학교를 졸업하고 북미 조지아에 선교사로 간다. 참담한 실패를 경험한다. 영국으로 돌아온 뒤 1738년 5월 24일 올더스게이트 거리에서 열린 모라비안 집회에서 영적인 체험을 한다. 잉글랜드 중부 산업도시 골목길에서 가난한 공장노동자들에게 복음을 외친다. 영국 감리회(Methodist Society)가 시작된다.

영국 감리회의 신앙을 계승한 미국 감리교회(Methodist Church)가 독립교단으로 발전한 것은 1784년이다. 남북전쟁을

왜 조선 교회는 두 개의 문을 만들었는가?

거치면서 분열된 감리교회에서 영적 각성 운동의 일환으로 성결운동이 일어난 것은 1867년을 전후한 시기다. 성결운동을 이어가기 위한 전국조직과 지방조직 결성이 줄을 이었다. 1892년 감리교회 목사 마틴 냅Martin W. Knapp, 1853-1901은 '성결연합회Holiness Association'를 결성하고, 1893년에는 '오순절기도연합Pentecost Player League'을 결성한다. 1897년에는 양자를 통합하여 '국제성결연맹 및 기도연합International Holiness Union & Prayer League'으로 명칭을 바꾸고 퀘이커 출신 독립교회 목사 리스Seth C. Rees, 1854-1933를 회장으로 추대한다.[50]

1900년 국제성결연맹 및 기도연합을 '국제사도성결연맹International Apostolic Holiness Union'으로 바꾼다. 이름에서 기도연합을 삭제함으로써 조직화하고, 사도를 삽입함으로써 감리교회를 넘어 한 단계 독립교회로 나아간다. 아울러 성서학원을 설립하여 전도자와 선교사를 양성한다. 1905년 '국제사도성결연맹 및 교회International Apostolic Holiness Union & Churches'로 또 한 차례 이름을 바꾸고 독립교단으로 한 걸음 더 다가간다. 1919년 성결기독교회와 연합하면서 '국제성결교회International Christian Church', 1922년 리스 목사의 필그림교회와 연합하면서 '필그림성결교회Pilgrim Holiness Church', 1968년 웨슬리안감리교회와 연합하면서 '웨슬리안교회Wesleyan Church'로 발전한다.[51]

1900년 마틴 냅은 국제사도성결연맹과 함께 '하나님의 성서학원'을 설립한다. 무디성서학원에서 공부하고 있었던 카우만 Charles Cowman은 하나님의 성서학원에 편입한다. 카우만 부부는 1901년 1월 국제사도성결연맹 지도자로부터 목사 안수를 받고, 2월 일본선교사로 동경에 도착한다. 동경에서 나가다 쥬지中田 重治 목사를 만난다. 무디성서학원에서 같이 공부했던 사람이다. 1901년 4월 카우만과 쥬지는 중앙복음전도관을 열고 동시에 동경성서학원을 시작한다. 이어서 5월에는 일본성결연맹을 결성한다. 1902년 8월 일본성결운동에 또 한 사람의 선교사 길보른 Earnest A. Kilbourne이 도착한다. 일본 오지에 복음을 전하기 위해 주로 지방전도관을 세워나갔다. 길보른은 카우만이 전신기사로 일하던 무렵 직장 동료다. 카우만의 전도로 전신기사에서 선교사로 거듭나서 일본 오지선교에 나선 것이다.[52]

1905년 5월 동경성서학원에 한복을 입은 한국학생이 도착한다. 김상준(1881-1933)과 정빈(1870-?) 두 사람이다. 두 사람은 일본어를 몰랐다. 게다가 한복을 입고 나타난 두 사람에게 선교사와 일본학생들은 할 말을 잃고 그저 호기심에 가득 찬 눈으로 쳐다만 볼 뿐이었다. 그때 두 사람 중 한 사람이 큰 웃음을 지으며 외쳤다. "할렐루야!" 길보른이 응답했다. "아멘!"[53]

왜 조선 교회는 두 개의 문을 만들었는가?

동경성서학원 최초 조선유학생
뒷줄 왼쪽이 김상준이며, 앞줄 중간에 앉은 사람이 정빈이다.

공부를 마친 정빈과 김상준은 1907년 5월 귀국한다. 카우만과 길보른도 동행한다. 5월 30일 종로2가 염곡에 동양선교회 중앙복음전도관을 개관한다. 초교파 전도 조직이었기 때문에 교단 명칭인 교회라고 하지 않고 그냥 중앙복음전도관이라 한 것이다. 1908년 구리개로 중앙복음전도관을 옮겼다가 1909년 다시 무교정으로 옮긴다. 지방에도 복음전도관을 설립한다. 1908년 평양 진남포복음전도관에 이어서 1909년 개성 송도복음전도관을 열었다. 한국성결교회는 여타 개신교단과 달리 한국 사람이 스스로 개척한 자생교단子生教團으로 첫 삽을 떴다.[54]

그러나 경성성서학원까지 설립하기는 쉽지 않았다. 정빈과 김상준 두 사람이 염곡복음전도관을 시작한 1907년 5월 30일은 한국성결교회의 역사가 시작된 날이다. 정빈과 김상준은 카우만과 길보른 두 선교사에게 동양선교회 선교사의 한국 거주와 성서학원 설립을 강력하게 요청한다. 동양선교회 본부에서 한국지부로 선교사를 파송한 것은 1910년 11월 12일이다. 영국 맨체스터 스타홀성서학원Star Hall Bible Institute에서 일하던 존 토마스John Thomas, 1868-1940 영국 회중교회 목사를 동양선교회 한국지부 초대 감독으로 파송한 것이다. 토마스 감독은 불과 4개월 만인 1911년 3월 13일 경성성서학원Seoul Bible Institute을 설립한다.[55]

왜 조선 교회는 두 개의 문을 만들었는가?

A Corner of the Class at our Seoul Bible Institute.   Brother Thomas Teaching

1912년 경성성서학원에서 강의하는 존 토마스 감독

존 토마스 감독이 강의를 하고 옆에서 조선인이 통역을 한다. 한 강의실에서 남학생과 여학생이 같이 수강하고 있다. 유교 윤리에 사로잡혀 있었던 1912년 당시로서는 획기적인 장면이다.

런던상인 데이비드 토마스David Thomas, 1960-1930는 1906년 국제성결선교회International Holiness Mission를 조직한다. 존 토마스 선교사의 형이다. 그보다 앞서 1889년 프랭크 크로슬리Frank Crossley, 1889-?는 맨체스터에 스타홀Star Hall을 설립한다. 성결대회를 열었던 성결센터다. 국제성결교회와 스타홀은 동양선교회 아시아선교의 본부나 마찬가지였다. 카우만과 길보른이 스타홀을 방문했을 때 존 토마스는 한국선교사로 부르심Calling을 확신

한다.[56]

    동양선교회는 한국에 선교사를 한 명 더 파송한다. 미국 나사렛교회 윌리엄 헤슬롭William Heslop, 1886-? 목사다. 헤슬롭 목사는 1886년 영국에서 태어난다. 1906년 미국 워싱턴Washington D.C.에 있는 포트마오대학교를 졸업한다. 1916년 7월 목사 안수를 받고 아내 노라Norah Heslop와 딸 매리Mary Heslop를 데리고 한국에 들어온다. 헤슬롭은 경성성서학원에서 신학을 가르치고 아내 노라는 피아노를 가르친다. 방학이 되면 경성성서학원 학생들과 함께 지방으로 내려가 노방전도를 한다.

    1919년 토마스 감독이 강경성결교회로 내려갔다가 일경에게 구타당하는 사건이 벌어진다. 강경성결교회는 독립만세운동의 근거지 중 한 곳이다. 일경은 '강경읍내 경찰서와 기타 일본 관공서 배치를 염탐한 스파이이자 3.1독립만세운동 선동자'로 토마스 감독을 강금한다. 일제는 사과하고 배상하라는 영국정부의 요구를 수용한다. 그러나 조선을 떠나달라는 단서를 달았다. 토마스 감독은 어쩔 수 없이 조선을 떠난다. 헤슬롭 선교사는 1919년 제2대 감독 겸 경성성서학원장으로 취임한다.[57]

    3.1독립만세운동으로 김상준 목사와 강시영 목사 두 분이 평양형무소에서 옥고를 치른다. 헤슬롭 감독은 석방 교섭을 벌이

    왜 조선 교회는 두 개의 문을 만들었는가?

고 신원 보증을 선 다음 출옥시킨다. 학생대표 김응조를 비롯한 경성성서학원 학생들 역시 독립만세운동에 참여한다. 1920년 10월 10일 경성성서학원 졸업식에서 독립만세운동에 참여한 경성성서학원 학생 중 단 한 사람도 낙오시키지 않고 모두 졸업시킨다. 보통 때 졸업생은 4~5명에 불과했지만 1919년 졸업생은 19명이었다. 특히 헤슬롭 선교사가 밝힌 학생대표 김응조의 졸업사유는 이채롭다.[58]

"1학년 때 일본전도대 파견 근무 1년, 2학년 때 공부 1년, 3학년 때 감방전도 1년, 도합 3년 동안 수양하였으니 졸업식에 참석할 것."

경성성서학원은 3년제였기 때문에 3년 동안 공부했으면 졸업하는 것이 마땅하다는 뜻이다. 그러나 부인이 몸져눕게 되면서 어쩔 수 없이 한국을 떠난다. 때는 1921년 2월이었다.

1912년 아현동에 새 건물을 짓고 경성성서학원을 이전한다. 1921년 조선총독부가 도로정비계획에 따라 신작로를 내면서 여자기숙사 일부가 도로에 편입된다. 곧바로 부지 정지작업을 하고 확장공사에 돌입하여 경성성서학원을 완공한다.[59] 아현동 언덕 위 5층 쌍둥이 건물은 서대문 밖 최대의 랜드마크로 자리 잡는다.

지방 복음전도관 설립도 계속한다. 1913년 서울 아현복음전

1921년 신축한 경성성서학원

도관과 충청도 규암복음전도관을, 1914년 경상북도 김천복음전
도관, 1915년 경상북도 경주복음전도관, 1917년에서 1920년 경
기도 안성복음전도관과 인천복음전도관, 충청도 강경복음전도
관 그리고 경상남도 부산복음전도관·동래복음전도관·밀양복음
전도관·삼천포복음전도관·군위복음전도관 등 전국에 복음전도
관을 설립한다.[60] 1917년 동경에 있는 동양선교회 본부가 일본성
결교회로 분립한다. 동양선교회 경성지부는 동양선교회 본부가
된다.

1921년 초교파 선교단체였던 동양선교회 복음전도관은 조

왜 조선 교회는 두 개의 문을 만들었는가?

선야소교 동양선교회 성결교회로 분립한다. 독립교단이 된 것이다. 1940년 5월 31일 경성성서학원을 경성신학교로 승격한다. 전문학교, 즉 대학교로 승격한 것이다. 그러나 감시와 통제를 강화하기 위한 승격일 뿐이었다. 성결교회에 대한 본격적인 탄압을 알리는 일종의 신호탄이었다. 선교사들도 예외는 아니었다. 미국 공사 마쉬Marsh의 명령에 따라 11월 5일과 6일 이틀 동안 동양선교회 선교사들은 모두 귀국한다. 1942년 공식명칭에서 동양선교회를 삭제하고 '조선야소교 성결교회'라 부른다. 1943년 5월 24일 일제는 조선야소교 성결교회 교역자와 경성신학교 교수를 검거한다. 1943년 12월 29일 조선야소교 성결교회를 폐쇄한다.[61]

흩어졌던 성결교회 대표 73명은 1945년 11월 9일 경성신학교 강당에서 다시 모여 재흥총회를 개최한다. 천세광 목사를 의장으로 선출하고 성결교회 재건에 나선다. 감독제도와 지방회제도를 대의제도와 교구회제도로 바꾼다. 본부에서 교역자를 파송하는 방식에서 개교회가 교역자를 청빙하는 방식으로 변경된 것으로서 대의제 민주주의의 정착이라는 역사적 의의를 지닌다. 또한 지방분권화를 통한 전국 조직으로 발돋움한다. 독립유공자 천세광을 수장으로 한 새로운 리더십을 수립한다.

한국전쟁이 터진다. 많은 교역자와 신자들이 순교자 반열에

오르는 혹독한 시련을 겪는다. 바로 이어서 보수측의 분열을 겪으면서 교단은 분열된다. 두 차례 통합을 거치면서 대다수 교회는 기독교 대한 성결교회로 돌아온다. 하지만 단일 교단으로 통합은 끝끝내 이루지 못하고 둘로 나뉜 채 오늘에 이른다.

군위성결교회
서양 굿 구경 가자!

김상준·정빈 두 사람이 일본 유학을 마치고 귀국하여 1907 년 염곡복음전도관에서 복음 전파를 시작하면서 성결교회 역사를 시작한다. 1910년 영국 회중교회 목사 존 토마스 목사가 초대 감독으로 내한하여 1911년 전도자 양성학교 경성성서학원을 설립하면서 본격적인 성장 발판을 마련한다.

1917년 경성성서학원 재학생과 졸업생을 주축으로 주로 경상도 지역을 이동하면서 복음을 전한다. 한 곳에 도착하면 제일 먼저 천막을 친 뒤 길거리에서 음악과 노래로 사람들의 이목을 끌었다. 이어서 설교를 하고 곧바로 신앙상담을 한다. 길거리에서 복음을 전했기 때문에 노방전도라 부른다. 오후부터는 천막집회에 참석한 사람들을 일일이 찾아가서 저녁집회 참석을 유도한다. 저녁에는 천막에서 부흥회를 개최하고 신앙생활을 결심하게 한다. 결신한 사람들은 집에서 가까운 교회에 출석하도록 유도한다. 일명 천막전도대다.

1918년 길보른이 주도한 일본대거부락전도운동이 일단락되면서 천막전도대에 합류한다. 1919년 제2대 감독 헤슬롭 선교사와 경남 감리 밀러 선교사가 천막전도대를 이끈다. 조선 사람들의 반응이 이채롭다. '서양 굿하는 데 구경 가보자!'[62] 바로 이 천막전도대와 유사한 방식으로 군위성결교회 역사를 시작한다.

1920년 7월 2일 김병선 전도사 내외가 동양선교회 중앙복음전도관으로부터 파송을 받고 군위로 출발한다. 도로가에 있는 이학수 씨 집 두 채 중 아래채에 세를 낸다. 김병선 부부는 노방에 나아가 부인은 찬미하고 남편은 설교한다. 노방전도에서 신앙생활을 결심한 사람은 집으로 데리고 온다. 앞마당에 멍석을 깔고 앉아서 예배를 드림으로써 교회의 터전을 세운다.[63]

매일 같이 힘쓰던 차에 이학수 씨가 집을 팔겠다고 하자 김병선 전도사는 본부에 알린다. 제2대 감독 헤슬롭 선교사는 자

1920년 군위성결교회 첫 번째 예배당
다섯 칸 한옥예배당이다.

기 풍금을 팔아 헌금한다. 김병선 전도사는 이학수 씨 집을 사서
윗채 네 칸 벽을 허물고 수리하여 예배당으로 사용한다. 10월 15
일 헤슬롭 선교사 내외가 참석한 가운데 군위복음전도관 창립
예배를 드린다. 25번째 복음전도관이다. 이듬해 조선야소교 동
양선교회 성결교회로 명칭을 변경한다. 군위복음전도관 간판을
떼고 군위성결교회라 써서 새로 붙인다.[64]

이 무렵 맹인 청년 김영수는 찬송 소리에 이끌려 교회를 찾는다. 훗날 경성성서학원을 졸업하고 1943년 안수를 받은 김영수 목사는 성결교회사에 큰 족적을 남긴 부흥사다. 초창기에 교회에 활력을 불어넣은 사람은 군위 출신 천세광 목사다. 1921년 양정고보에서 일본인 교사 배척운동이 일어나 휴교하게 되었다. 일본 유학을 결심하고 고향으로 내려온 천세광은 근일학원 교사로 봉직하면서 청년전도대를 조직한다. 회장을 맡아 열심히 전도함으로 비안에 기도소를 세운다. 기도소는 비안교회로 발전한다.

제2대 목회자 박달문 전도사는 1924년 오늘날 군위성결교회 터를 마련한다. 군위읍에서 이보다 더 좋은 자리는 없다고 해도 과언이 아니다. 제3대 목회자 강태집 전도사는 그 터전 위에 예배당을 짓는다. 1927년 9월 13일 21평짜리 조선집을 짓고 경북지방회를 겸해서 예배당 헌당예배를 드린다.[65] 아쉽게도 지금은 존재하지 않는 첫 번째 예배당이었던 한옥예배당이다. 성결교회는 1929년 제1회 연회를 개최하면서 최초로 교세 통계를 집계한다. 1928년 12월말 현재 군위성결교회 신자 121명이 한 해 동안 낸 헌금 총액은 374원. 경북지방 8개 교회 중 신자 수 및 헌금액 모두 1위다.[66]

왜 조선 교회는 두 개의 문을 만들었는가?

군위성결교회 교역자

(상단 왼쪽부터) 제1대 김병선 전도사, 제7대 이종익 목사, 제9대 최헌 목사

(중단 왼쪽부터) 제10대 천세광 목사, 제12대 김영수 목사, 제14대 염도근 목사

(하단 왼쪽부터) 제17대 장진규 목사, 제21대 이상복 목사, 제23대 허병국 목사

1933년 4월 12일 성결교회는 경성성서학원 강당에서 제1
회 총회를 개최한다. 전국 6개 지방회[67]에서 모인 대의원들이 투
표를 통해 총회장을 선출하는 대의제 민주주의를 실현한 것이
다. 영남지방 32개 교회로 구성한 영남지방회에는 부산·마산·
진주·대구·김천·경주·군위 등 감찰회가 속했다. 군위성결교회
외에 5개 교회가 군위감찰회에 속했는데 그중 비안교회와 성동
교회는 군위성결교회가 세운 교회다.

1936년 이종익 목사가 제7대 교역자로 부임한다. 군위성결
교회를 담임하는 첫 목사다. 예배당을 건축하라는 소임을 주고
파송한 듯하다. 삼천포성결교회에 제3대 교역자이면서 첫 목사
인 임도오 목사를 파송할 때도 마찬가지였다. 임도오 목사는 삼
천포성결교회에 부임한 첫 목사다. 소임은 삼천포성결교회 예배
당 신축이다. 삼천포성결교회 예배당을 직접 설계한다. 군위성
결교회 두 번째 예배당보다 두 해 먼저 완공한다.[68] 군위성결교
회 두 번째 예배당 문화재예배당과 삼천포성결교회 두 번째 예
배당은 모양이 비슷하다.

이종익 목사는 1898년 함경남도 홍원군 용천면 동평리에
서 태어났다. 소학교를 졸업한 뒤 고향을 떠나 간도 용정에서 대
성중학교를 마친다. 용정은 김약연 목사와 윤동주 시인의 할아버

왜 조선 교회는 두 개의 문을 만들었는가?

삼천포성결교회 두 번째 예배당 앞에서
창립 30주년을 맞아 1949년에 찍은 기념사진

지 윤하현 등이 온 가솔을 이끌고 정착하여 조선 사람 마을을 건설한 곳이다. 인재를 길러 독립을 되찾고자 하였기에 학교가 많았다. 이종익 목사가 공부한 대성중학교와 윤동주 시인이 다녔던 은진중학교를 비롯한 6개 학교를 통합하여 대성중학교라 했다.

대성중학교를 졸업한 이종익 목사는 1927년 경성성서학원으로 진학하여 1930년 졸업한다. 1934년 목사 안수를 받고 1935년 군위성결교회에 부임한다. 1936년 정진근 장로를 장립한다. 군위성결교회 첫 장로다. 급성장하는 바람에 예배당은 금방 비좁았다. 그렇지만 다시 지을 예산은 없었다. 전국 성결교회와 일본에 세운 조선성결교회를 순방하면서 모금한다. 건축헌금 모금액 천 원을 넘기고 1937년 6월 1일 첫 번째 한옥예배당 철거를 시작한다.

그러나 철거 작업을 하던 중 이종익 목사·정진근 장로·노성문 집사·김도리 집사 등이 그만 낙상 사고를 입는다. 정진근 장로와 김도리 집사는 다행히 회복하였으나, 이종익 목사와 노성문 집사는 끝내 다시 일어서지 못했다. 구조 당시 이종익 목사는 제일 먼저 찬양을 한다. 다음으로 같이 낙상한 장로와 집사의 안부를 묻는다. 마지막으로 예배당 건축을 걱정한다.[69] 건축을 다시 시작한 지 두 달 만인 1937년 8월 말에 이르러 준공한다.

군위성결교회 두 번째 예배당

1937년 문화재예배당 신축기념 사진

1938년 6월에 부임한 제8대 오태상 목사가 두 번째 예배당 문화재예배당을 헌당한다.[70]

1939년 10월 제9대 최헌 목사가 부임한다. 1906년 1월 8일 전라북도 김제에서 태어난 최헌 목사는 12살 때 조실부모하고 15살 때 평양으로 간다. 평양에서 사귄 친구 황경찬 목사(체부동 성결교회 담임목사)와 함께 일본으로 유학을 간다. 쎄이소꾸영어학교正則英語學校를 거쳐 동경성서학원에서 공부하던 중 귀국한다. 1931년 경성성서학원에 편입하여 1932년 졸업한다. 1934년 평양 연화동교회에서 목회를 시작하여 1940년 4월 목사 안수를 받으면서 본명 최재생을 버리고 하나님께 철저히 드린다는 뜻으로 새 이름 최헌을 갖는다.

1940년 5월 경성성서학원은 전문학교(대학교)로 승격되어 경성신학교가 된다. 11월 모든 성결교회 선교사는 본국으로 철수한다. 일제는 경성신학교와 성결교회에 대한 통제를 본격화한다. 성결교회에 신사참배·동방요배·시국강연 등을 강요한다. 최헌 목사는 일제의 요구를 모두 거부한다.

1940년 12월 20일부터 3일 동안 열린 군위성결교회 지교회 성동교회 부흥회에서 '그리스도의 재림'이 임박했다는 것과

왜 조선 교회는 두 개의 문을 만들었는가?

일제 패망이 가까웠다는 것을 설교한다. 성동교회 주일학교 교장 도계택 장로는 금수강산가錦繡江山歌·애전동산가埃田東山歌[71]·우승가優勝歌[72] 등을 주일학교 학생들에게 가르치고 조선말로 합창함으로써 독립사상을 고취한다.[73] 1941년 12월 14일 군위 경찰서에 강금된 채 모진 고문과 취조를 받는다. 형사가 취조한다. "천황이 더 높으냐 네가 믿는 하나님이 더 높으냐?" 최헌 목사가 답한다. "눈에 보이는 천황과 눈에 보이지 않는 하나님을 어떻게 비교할 수 있느냐! 예수님은 만왕의 왕이시다. 일본은 망할 것이니 그리 알아라."

1942년 6월 23일 대구형무소로 이감된다. 10월 15일 검사가 보안법 위반으로 기소하고, 12월 15일 대구복심법원 판사가 징역형 1년을 선고한다.[74]

최헌 목사를 석방하면서 대구형무소 간수가 말한다. "네가 잘못된 것이 아니라 성경이 잘못된 것이니 나가거든 입조심하라." 최헌 목사가 답한다. "네가 입 다물고 있으라고 해도 나는 그리할 수 없다."[75]

1년 2개월 11일 동안 옥고를 치른 1943년 2월 25일 군위성결교회로 돌아온다. 최헌 목사가 옥고를 치르는 동안 교회는 많은 어려움을 겪는다. 그러나 여기에서 끝이 아니었다. 1943년 5월 24일, 일제는 전국 성결교회 교역자를 체포하고 옥에 가둔다. 최헌 목사는 3개월 만에 다시 강금된다. 경성신학교를 폐쇄한다. 12월 29일 드디어 성결교회 해산령을 내리고 교회 전체를 폐쇄한다.

조선야소교 성결교회 폐쇄를 전후하여 교역자를 석방한 일제는 유독 군위성결교회 최헌 목사와 삼천포성결교회 천세광 목사는 풀어주지 않았다. 최헌 목사는 1년 1개월 동안 또다시 옥고를 치른 뒤인 1944년 6월에서야 풀려난다. 출옥한 최헌 목사는 평안도 고비소에 있는 탄광으로 가서 목회를 한다. 사실상 은거에 들어간 것이다.

광복과 함께 다시 성결교회로 돌아온 최헌 목사는 1977년 서울 청파동성결교회를 끝으로 목회 일선에서 은퇴한다. 1980년 모든 퇴직금을 들여서 충청남도 서산에 대죽성결교회(현 대산큰빛성결교회)를 개척한다. 1994년에서야 은퇴하고 2001년 8월 29일, 96세를 일기로 소천한다.[76]

최헌 목사가 처음 옥고를 치르기 시작한 1941년부터 군위성결교회는 사실상 폐쇄에 준하는 고통을 겪는다. 1943년 모든 성결교회를 폐쇄했을 때 일제는 군위성결교회 문화재예배당 마

왜 조선 교회는 두 개의 문을 만들었는가?

저도 군농회에 2,360원을 받고 팔아버린다. 군위성결교회 두 담임목사는 최장기 옥고를 치렀다. 일제는 군위성결교회를 폐쇄했다. 예배당을 빼앗아서 팔아버렸다.

그 무렵 천세광 목사가 고향 군위로 돌아온다. 1940년 3월 삼천포성결교회에 부임하였으나 1942년 4월 주일예배를 드리러 가던 중 체포된다. 일제는 신사참배 동원령 거부를 빌미로 구속하여 모진 고문을 자행한다. 11월 병보석으로 풀어주면서 천세광 목사와 일가족에게 퇴거령을 내린다.[77]

고향 군위로 돌아온다. 그러나 몸도 채 추스르기 전인 1943년 5월 다시 구속된다. 대구형무소에서 풀려난 것은 광복을 맞으면서였다. 고향으로 다시 돌아온 천세광 목사는 제일 먼저 군위성결교회를 다시 세운다. 그때가 1945년 9월 5일이다. 일제가 강제 폐쇄시키고 매각해버린 성결교회 중 가장 먼저 재건한 교회가 군위성결교회다. 한편으로 제10대 군위성결교회 담임목사로 다른 한편으로 군위치안위원장으로 맡은 바 소임을 다한 천세광 목사는 11월 서울로 올라간다. 조선야소교 성결교회 재흥총회 의장으로 당선되어 200여 성결교회를 재건한다.[78]

1955년 2월 제14대 교역자로 부임한 염도근 목사는 1956

1956년 군위성결교회 세 번째 예배당

문화재예배당의 기본 형태와 골격을 그대로 따른 상태에서 첨두형 아치창을
반원형으로 바꾸거나 포치를 없애고 차양만 남기는 등 변화를 주었다. 그러
나 두 개의 문은 그대로 유지하고 있다.

년 7월 일제가 매각한 예배당을 20만 원을 주고 다시 사들인다. 전쟁을 겪으면서 상처 입은 예배당이었지만 크게 감동한다. 김금원 장로는 자신의 땅 1,000평을 주고 교회 옆 땅 400평을 바꾼 뒤 교회에 바친다. 염도근 목사는 총회장 김응조 목사를 찾아가 두 번째 예배당에 얽힌 이야기를 들려준다. 김응조 목사는 이튿날 거금을 상자에 담아 헌금한다. 1956년 9월 세 번째 예배당을 헌당한다.[79]

1966년 6월 부임한 제17대 장진규 목사는 1968년 군위유치원을 개원하려고 한다. 1970년 4월 13일 군위교육청 인가를 받고 군위교회 부설 군위유치원으로 정식 설립한다. 5월에는 예배당을 증축하여 현관을 만든다.[80] 안타깝게도 이 때의 변형 때문에 세 번째 예배당은 문화재 지정을 받지 못한다.

1983년 6월 7일 이상복 목사가 군위성결교회 제21대 교역자로 부임한다. 1987년 12월 12일 12시 네 번째 예배당을 봉헌한다. 예배당을 봉헌하던 날, 장로가 된 장준이 장로는 군위장로교회 마당으로 사용하고 있는 땅이 조선야소교 동양선교회 명의임을 확인하고 기독교 대한 성결교회 총회유지재단으로 환수한다.[81]

1987년 군위성결교회 네 번째 예배당

허병국 목사는 1993년 10월 17일 창립 73주년에 제23대 교역자로 부임한다. 2년 만인 1995년 세례교인 300명을 돌파한데 이어서 2009년에는 400명을 돌파한다. 역사를 자랑하기보다는 성장을 통하여 성숙한 교회가 되고자 한 것이다.

그렇다고 교회가 지닌 역사성을 등한시한 것은 아니다. 오히려 그 반대다.《성결교회인물전》에 수록한 인물 중 군위성결교회가 배출한 인물만도 10명이나 된다. 기독교 대한 성결교회 역사 편찬위원회 위원으로서 허병국 목사의 역할은 이처럼 남달랐다. 2012년에는《군위성결교회 90년사》를 발간함으로써 교회와 성도가 걸어온 길을 역사화하는 작업에 큰 매듭 하나를 묶는다.[82]

2006년 12월 4일 군위성결교회 두 번째 예배당을 문화재로 등록한다. 2010년 8월 1일 문화재청 지원을 받아서 보수를 완료하고 2010년 10월 17일 창립 90주년을 맞아 문화재 등록 감사 예배를 드린다. 2018년 9월 문화재청 생생문화재 사업에 공모하여 2019년도 사업에 선정된다. 문화재청에서 주관하는 이 사업은 '문화재의 가치와 의미를 새롭게 발견하고 콘텐츠화하여 문화재가 역사 교육의 장이자 대표적인 관광지로 발돋움할 수 있도록 기획한 프로그램 사업'이다.[83] 군위성결교회 문화재예배당은 전국 132개 지역문화재 활용 사업 중 하나로 선정되었다. 문화재청 생생문화재 사업 중 유일한 기독교 문화재다.

군위성결교회 문화재예배당은 문화재청에서 시행하고 있는 생생문화재 사업의 지역문화재 활용 사업 중 하나로 지난 2018년 선정되었다. 2019년 현재 군위군 골목길 성지순례를 주제로 시범 사업을 진행 중이다. 전국 132개 지역문화재 활용 사업 중에서 유일한 기독교 등록문화재다.

군위성결교회 문화재 활용사업

왜 조선 교회는 두 개의 문을 만들었는가?

군위 두 개의 문

군위성결교회 문화재예배당

최홍상·정동국·김규호 등 3인은 1920년 4월 진주를 거쳐 삼천포에 도착한다. 경성성서학원을 막 졸업한 동기생들이다. 삼천포 면사무소 앞에 천막을 친다. 나팔을 불고 북을 치면서 골목 길마다 돌아다닌다. 만나는 사람마다 전도하고 밤 천막집회에 초대한다. 천막집회에서 결심하면 다음 날 집을 찾아가 결신케 한다. 2주 동안 '서양 굿 하는 데 구경 가본' 사람들 중에서 구도자 만해도 70~80여 명을 헤아린다. 드디어 삼천포복음전도관을 설립한다. 조선야소교 동양선교회 22번째 복음전도관이다. 삼천포성결교회 역사는 이렇게 시작했다.[84]

그로부터 10년 뒤인 1930년 3월 9일 삼천포성결교회 역사상 최초로 목사가 부임한다. 임도오 목사다. 당시로서는 교역자가 부족하던 시절이라 지방에 있는 작은 교회까지 목사를 파송할 수 없었다. 그럼에도 불구하고 임도오 목사를 삼천포성결교회 제3대 교역자로 파송한 것은 그만한 이유가 있다. 예배당 건축 때문이다. 임도오 목사는 1934년 3월 14일부터 18일까지 부흥회를 개최한다. 부흥회 주제를 '신축헌금 3천 원 부흥회'라 정한다. 군위 출신 천세광 목사를 강사로 초청한다. 3월 17일 부흥회 도중 예배당 건축 헌금 2,634원을 작정한다. 1935년 6월 한옥예배당을 철거한다. 임도오 목사가 직접 설계한 도면으로 예배당을 짓기 시작한다. 장롱기술자 장경한·장민홍 집사 부자는 건축자재를 구입하고 직접 목공을 담당한다. 7월 27일 상량하고 그해 말 완공한다.[85]

전면 두 개 돌출형 출입문은 인조석으로 만든다. 교회당 외부 벽면은 시멘트 몰타르 뿌리기로 마감한다. 지붕은 아연판으로 지은 서양식 건물이다. 완공한 이듬해 1936년 일제는 삼천포성결교회당을 엽서로 발행한다.[86] 그만큼 아름다웠다.

2년 뒤 군위성결교회도 한옥예배당을 허물고 새 예배당을 짓는다. 그런데 두 예배당이 너무나 비슷하다. 전반적인 형태가 동일하다. 예배당 크기도 30평 남짓으로 동일하다. 예배당 현관

왜 조선 교회는 두 개의 문을 만들었는가?

삼천포성결교회 두 번째 예배당(위) / **군위성결교회 문화재예배당**(아래)

1935년 지은 삼천포성결교회 두 번째 예배당(위)과 1937년 군위성결교회가 지은 두 번째 예배당은 너무나 비슷하다. 전반적인 형태가 동일하고 포치형 출입문이 두 개 있는 서양식 건물이라는 점도 똑 닮았다.

도 두 개다. 현관 모양도 툭 튀어나오게 만든 포치porch다. 우연의 일치라고 보기에는 너무나 비슷하다. 다른 점도 있다. 삼천포성결교회는 포치 위에도 십자가를 세웠는데, 군위성결교회는 용마루에만 세웠다. 삼천포성결교회는 그냥 직사각형 창문을 달았는데, 군위성결교회는 직사각형 창문을 첨두형 아치창으로 마감했다. 삼천포성결교회는 전문 유리창이 한 갠데, 군위성결교회는 세 개다. 즉, 차이점이 전반적인 유사성을 해치지 않는다. 자세히 보지 않으면 같은 예배당이라고 착각할 정도다.

왜 이렇게 비슷할까? 두 교회가 지니고 있는 공통점이 있을 것이다. 두 교회 모두 1920년에 설립한다. 두 교회 모두 조선야소교 동양선교회 복음전도관이다. 천세광 목사가 두 교회를 모두 담임한다. 그러나 그렇다고 예배당이 똑같을 수는 없다. 뭔가 다른 이유가 있을 것이다. 삼천포성결교회 두 번째 예배당 건축 경위를 살펴보았으니 군위성결교회 두 번째 예배당도 살펴보자.

1935년 3월 군위성결교회 제7대 교역자로 이종익 목사가 부임한다. 군위성결교회로 부임한 첫 목사다. 예배당을 건축하기 위해 부임한 것이다. 강시영 목사를 강사로 초청하여 부흥회를 개최한다. 1,000원이 넘는 건축 헌금을 작정한다. 이종익 목사 스스로 전국에 있는 성결교회와 일본에 개척한 성결교회를 순방하면서 건축 헌금을 모금한다. 1937년 6월 1일 한옥예배당을 철거하기 시작한다. 철거 도중 낙상사고로 순직한다.

군위성결교회 성도들은 군위 출신 김영수 전도사를 중심으로 일치단결한다. 동양선교회가 공식적으로 파송한 것은 아니었다. 그렇지만 김영수 전도사는 경성성서학원을 졸업했고, 이미 목사 안수를 받았어야 했다. 다만 맹인이어서 교회를 담임하지 못한 채 고향 교회에 머물러 있었던 것이다. 김영수 전도사는 마산성결교회를 담임하고 있는 임도오 목사를 초청한다. 삼천포성결교회를 설계하고 완공한 분이다. 임도오 목사는 삼천포성결교회 예배당을 지을 때와 마찬가지로 군위성결교회 예배당을 지었다. 직접 설계를 하고 시공을 감독한다. 7월에 건축을 시작하여 8월에 완공한다.[87] 군위성결교회와 삼천포성결교회를 비슷한 모양 비슷한 크기로 지은 까닭은 설계자 임도오 목사다.

임도오 목사는 왜 이렇게 설계했을까? 현관이 두 개 있는 건물은 드물다. 우리나라에서는 솟을대문을 현관으로 세운 경우가 있다. 이 경우 현관은 두 개가 아니라 세 개다. 주로 서원이나 사묘에 솟을대문을 세운다. 여성은 이런 곳에 출입할 수 없었기 때문에 굳이 성별 차이를 두지 않았다. 다만 동입서출東入西出 원칙을 지켰다. 오른쪽으로 들어가고 왼쪽으로 나간다. 중앙문은 왕이나 성현만 출입할 수 있다.

군위성결교회 예배당

(오른쪽부터 왼쪽으로) 1937년 두 번째로 지은 문화재예배당,
1956년 세 번째로 지은 예배당, 1987년 네 번째로 지은 현재 예배당

두 개인 경우는 정면 현관과 측면 현관을 분리한 경우다. 남녀 출입문을 달리함으로써 엄격한 유교 윤리를 고수하기 위한 것이다. 남성은 정면 현관을 사용하고 여성은 측면 현관을 사용한다. 정면 현관은 크다. 측면 현관은 작다.

물론 예외도 있다. 일부 사대부가에서는 정면에 현관을 나란히 두기도 했다. 진취적이고 개방적인 기풍을 지닌 집안의 경우에 그러하다. 전형적인 사례는 강릉 경포호반에 위치한 배다리 집, 선교장船橋莊이다. 태종 이방원의 둘째 아들 효령대군의 후손이 살고 있는 집이다. 정면에 두 개 현관이 나란히 있다. 남성은 왼쪽 문을 사용하고 여성은 오른쪽 문을 사용한다. 집 안으로 들어가면 내외담을 설치해서 남성의 시선을 차단한다. 차별하고자 하는 측면도 없지 않지만, 여성을 보호하고자 하는 의도가 더 강하다. 그러나 이 경우에도 문의 높이가 다르다. 남성 출입문은 솟을대문으로 만들었고, 여성 출입문은 평대문으로 만들었다.

임도오 목사가 예배당 현관을 두 개로 설계한 이유가 바로 여기에 있다. 조선사회를 지배하고 있는 엄격한 유교 윤리를 지키기 위한 것이다. 남녀가 유별하다. 일곱 살이 되면 그때부터 한 자리에 앉아서도 안 된다. 남자는 양이다. 그러나 그 속은 음이다. 반대로 여자는 음이다. 그러나 그 속은 양이다. 남자는 속이 음이

순천향교 솟을대문

순천은 호남사림 발상지다. 순천향교 현관 솟을대문은 전형적인 형태를 지니
고 있다. 현관문은 세 개인데 두 개만 열어놓았다. 중앙문은 쓸 일이 없기 때문
이다. 왼쪽 문으로 들어가 오른쪽 문으로 나간다. 여성이 출입할 수 없는 공간
이기 때문에 남녀 차별은 두지 않았다.

강릉 선교장

강릉 경포호반에 있는 선교장 현관문이다. 왼쪽은 남성과 손님들이 출입하는
문이다. 오른쪽 끝에 있는 문으로 여성과 하인들이 출입한다. 조선시대 양반
가의 일반적인 형태는 아니다.

기 때문에 음을 따라야 하고, 여자는 속이 양이기 때문에 양을 따라야 한다. 그래야 성적으로 성숙한다. 땅은 음이고 하늘은 양이다. 왼쪽은 음이고 오른쪽은 양이다. 짝수는 음의 수이고, 홀수는 양의 수다.

성적으로 성장하려면 내면이 갖추어져야 한다. 그래서 남성은 양이지만 속은 음이므로 음의 수, 짝수를 따라야 한다. 여성은 음이지만 속은 양이므로 양의 수, 홀수를 따라야 한다. 그래야 성장할 수 있다. 9와 10은 양과 음이 최대에 이른 노양과 노음이다. 즉, 양도 아니고 음도 아니다. 그래서 실질적으로 음과 양 최고 숫자는 8과 7이다. 여성은 양의 이치를 따라야 성장할 수 있다. 따라서 7의 지배를 받는다. 남녀칠세부동석은 이를 따른 것이다. 그러므로 7세 이상 되었다면 한자리에 앉으면 안 된다.[88]

그래서 현관을 두 개 만들었다. 남자는 음의 이치를 따라야 하므로 왼쪽으로 출입해야 한다. 양의 이치를 따라야 하는 여자는 오른쪽으로 출입해야 한다. 남자를 왼쪽으로 출입하게 했다. 여자는 오른쪽으로 출입한다.

왜 조선 교회는 두 개의 문을 만들었는가?

군위성결교회 문화재예배당 두 개의 문

2

정동제일감리교회 벧엘예배당

정동

대한의 봄을 품다

왕이 사랑한 정동

정동은 조선을 건국한 태조 이성계의 둘째 부인 신덕왕후 강씨의 무덤인 정릉貞陵에서 유래한다. 이성계가 고려의 장수 시절 정동 우물가(현 세안빌딩)에서 처음 강씨를 만났고, 조선 개국 1년 전 본처 한씨가 죽자 강씨를 왕실의 정비로 맞이한다. 조선의 새로운 수도 건설이 마무리될 무렵인 1396년 왕비가 세상을 떠난다. 태조는 스스로 정한 '한양도성 안에 무덤을 쓸 수 없다'는 국법을 어기면서 도성 안에 왕비의 무덤을 조성한다. 이곳(현 미국대사관저 근처)에 그녀를 위한 묘를 조성하고 동편(현 영국대사관과 성공회대성당)에는 흥천사興天寺라는 사찰 그리고 북쪽(현 감리교회관 근처)에 사리각까지 만들어 못다한 사랑을 기린다. 한 나

왜 조선 교회는 두 개의 문을 만들었는가?

라를 일으켰던 태상왕은 이곳에서 사랑하는 이의 묘지기로 말년을 고적히 보내다 생을 마감한다. 태조 사후에 이를 못마땅히 여긴 태종은 강씨의 능을 미아리 고개 근처 정릉으로 이장시킨다. 정릉의 석축은 광통교 다리 개보수용으로 사용하고 석물은 땅에 묻는다. 복원된 청계천 광통교에는 정릉貞陵에 사용된 아름다운 석축의 진품을 볼 수 있다.

계모 강씨를 미워한 태종이 정릉을 도성 밖 사흘한리(현 성북구 정릉)로 이장하자 정동은 왕족과 권문세족(서인)의 주거지가 된다. 정동의 중심이라 할 수 있는 덕수궁德壽宮은 원래 세조의 맏손자이자 성종의 형님인 월산대군月山大君의 저택이었다. 임진왜란 때 경복궁이 불타고 도성 안의 주요 건물들이 파괴되었지만 월산대군의 저택은 보존되었다. 평소 풍류를 즐겼던 월산대군과 그 후손들이 주변의 가난한 백성을 돌보아 주었기 때문이다. 피난에서 돌아온 선조는 이곳을 수리하여 행궁으로 삼는다. 단청을 하지 않은 석어당昔御堂에서 15년을 살다 별세한다. 이때부터 경운궁慶運宮이라 불렸다.

500년 세월이 흘러 조선왕조가 끝날 무렵 고종의 아관파천과 경운궁 환궁으로 정동은 다시 역사의 중심 무대가 된다. 고종은 경운궁에서 대한제국을 선포하고 제국의 정궁으로 확장한

서울시립미술관 언덕에서 바라본 덕수궁과 정동(© 카를로 로제티, 1902-1903)

(출처: 타논의 세상이야기, blog.naver.com/jcs89225)

다. 석어당과 즉조당 등 몇몇 건물밖에 없었던 경운궁은 이때 각국 공사관을 끼고서 남·서·북 세 방향으로 넓혀져 지금의 3배에 이르렀다. 구본신참舊本新參으로 확장된 덕수궁 전성기에 고종은 대한제국을 통해 국운 회복을 꿈꾸었지만 때는 이미 기울었다.

정동으로 가는 두 개의 문

정동은 한양도성 서쪽 성벽을 등지고 도성 안의 여러 궁을 한눈에 내다 볼 수 있는 푸른 언덕 상록원常綠園이자 봄을 품은 동산 함춘원含春園이었다. 또한 한양도성 안에서 한강과 개성으로 나서는 숭례문과 돈화문이 가까운 정동은 교통과 지정학적 요지이

왜 조선 교회는 두 개의 문을 만들었는가?

기도 하다. 이런 연유로 덕수궁 남쪽 황화방皇華坊에는 태평관太平館을, 서대문 외각엔 모화관慕華館을 두어 중국 사신을 맞이했다. 구한말 열강의 공사관이 정동에 하나 둘 들어선 것은 경복궁에 가까우면서 변란 시 서대문과 남대문을 통해 신속하게 한강으로 오갈 수 있었기 때문이다. 자연스레 근대화의 중심 무대이자 열강의 외교장外交場이 된다.

1884년 6월 미국 북감리회 일본 선교사 매클레이가 내한하여 김옥균의 주선으로 고종으로부터 의료와 교육 사업에 대한 윤허를 받는다. 열강의 공사관들이 모여 있는 정동의 미공사관 옆(현 중명전)에 선교부 사택 부지를 예약한다. 9월 24일 서울에 온 미국 북장로회 의료선교사 알렌이 미국 공사인 푸트의 도움으로 먼저 이곳에 입주한다. 이어 1885년 4월~6월 언더우드, 스크랜튼·아펜젤러·메리 스크랜튼·헤론 등이 정동에 감리회와 장로회 선교부지를 마련한다. 이로써 알렌의 집을 기점으로 서쪽과 남쪽으로 두 선교부의 미션 스테이션(학교, 병원, 예배당)이 설립된다. 알렌의 집은 1886년에 들어온 앨러스와 호튼 등 독신 여선교사 사택으로 사용되었고, 정신여고의 전신인 정동여학당이 시작된 곳이다. 그러나 1895년 연지동으로 선교부가 이전되고 덕수궁이 확장되면서 수옥헌(현 중명전)이 건립된다. 복원된 중명전 서북쪽 담벼락 벤치에 앉아 주변을 둘러보면 600년 역사의 파

노라마와 한국 선교 초기의 열정이 아지랑이처럼 피어오른다. 이곳 알렌의 집이 있었던 중명전重明殿은 일제의 강압으로 을사늑약이 강제되었고, 헤이그 밀사를 파견했던 곳이기도 하다. 그래서 '무거운 빛의 집'이라 했는지 모른다.

예禮와 의義를 상징하는 두 개의 대문으로 복음이 들어와 정동에서 싹을 틔운다. 두 개의 문으로 열강의 태풍과 근대화의 바람도 함께 들어온다. 강풍에 '옳음을 북돋우는' 돈의문敦義門이 헐리지만, 복음의 바람이 이곳에 쓰러지지 않는 의義의 문을 세운다. 1885년 4월 서울에 도착한 언더우드는 알렌의 집 서쪽 담장과 연결된 900여 평(현 예원중학교 운동장)에 기와집 3채가 딸린 집을 구입한다. 6월에 들어온 의료선교사 헤론은 언더우드 사택의 북쪽(현 미국대사관저 부지)에 사택을 마련한다. 1890년 1월에는 언더우드 사택 북쪽 러시아 공사관 사이에 평양 선교의 대부 마펫Samuel Austin Moffet의 사택이 들어선다. 언더우드 정동 주택은 여러 가지 한국 선교 사업의 첫 발상지가 된다. 1886년 5월 16일 고아 한 명으로 경신학교가, 1887년 2월 7일 장로교와 감리교 선교사의 한글 성경 번역 모임으로 시작된 대한성서공회가, 1887년 9월 27일 저녁엔 장로교 최초의 조직 교회인 새문안교회가 창립되고, 1889년 12월 사경회로 시작된 장로교신학대학이, 1890년 6월 25일 초교파 문서선교기관 대한기독교서회가 시작

왜 조선 교회는 두 개의 문을 만들었는가?

된 곳이기도 하다. 이후 일제 시대 궁궐 관리인 이왕직의 소유가 되었다가 해방 후 미국 북감리회 여선교부에서 구입하여 독신 여선교사 사택으로 사용한다. 1977년에 예원여중으로 넘겨 오늘에 이른다. 1885년부터 알렌의 사택 북서쪽 5,000여 평에 조성된 장로회의 첫 선교부는 10년 후 낡은 사택의 수리 문제, 가까운 거리에 있는 감리회 선교부와의 관계 그리고 1896년 아관파천 전후로 추진된 덕수궁 확장 정책 등을 고려하여 1902년까지 순차적으로 정리하고 모두 떠난다. 1902년 서울의 장로회 선교부는 지금의 중구 미동과 을지로입구 그리고 종로 5가 연지동 및 남대문 밖 세브란스빌딩 일대 등 4곳으로 이전된다.

한편 언더우드 사택의 길 건너 남쪽과 서쪽 한양성곽까지 약 2만여 평에 아펜젤러와 스크랜턴 대부인Mary F. Scranton 및 스크랜턴의 주도하에 미국 북감리회 서울선교부가 설립된다. 현 정동제일교회 서남쪽으로 스크랜턴의 사택과 아펜젤러의 사택이 들어선다. 그 남쪽으로는 7,000여 평의 배재학당이, 북쪽으로는 이화학당이 세워진다. 정동의 랜드마크인 정동제일교회 벧엘예배당은 원래 약을 무료로 나눠주고 치료하던 시약소施藥所가 있었고, 북쪽에 현 이대목동병원의 전신으로 최초의 여성전문병원인 보구여관保救女館이 있었다. 정동에서 시작된 여성을 위한 병원과 학교는 53세에 선교사로 내한한 스크랜튼 대부인에 의해 이뤄졌다. 아펜젤러에 비해 덜 알려져 있지만 스크랜턴과 그의 어머니 스크랜턴 대부인의 사역은 한국 감리교회 선교는 물론 상동교회로 대표되는 민중 선교와 독립운동, 여성 교육과 인권 향상 등에 놀라운 발자취를 남겼다. 아펜젤러는 1886년 6월 이곳에 최초의 근대학교를 설립하고 이듬해 고종으로부터 배재학당培材學堂이라는 이름을 하사받는다. 지금은 개발에 밀려 성벽도 헐리고, 동관 건물만 남아 역사기념관으로 운영되고 있다. 동관 동쪽에 임진왜란의 흥터를 담은 향나무가 있고, 서북쪽 러시아 대사관 영내에서 자리를 지키는 800년 넘은 회화나무가 멀찍이서 순례자를 반긴다. 중명전에서 북동쪽으로 미대사관저 맞은편에는 1928년에 건축된 고딕식 구세군사관학교 건물(현 역사박물관)이 있고 동편 언덕 위에 조지아풍의 영국대사관저가 있다. 그 동편으로 영국의 옥스퍼드 운동가들이 선호하는 로마네스크 양식의 성공회 서울대성당이 1926년에 건축되고 1996년에 극적으로 완공된다. 천주교가 주로 고딕식 건축을 추구했다면 성공회는 한국 양식이 가미된 로마네스크 예배당을 많이 건축한다. 정동에서는 정오와 해질녘에 성공회대성당 남쪽 종탑에서 울리는 아름다운 종소리를 들을 수 있다. 중명전重明殿을 중심으로 반경 400m 남짓한 정동은 130여 년 전 열강의 외교장이고 제국의 꿈을 품었으며 개화와 선교의 요람이었다.

왜 조선 교회는 두 개의 문을 만들었는가?

정동 감리회 선교부 지역 초기 풍경

(출처: 정동제일교회 120주년 화보집)

19세기 말 서대문 주변 풍경(에밀 마르텔의《조선과 건축》)

(출처: 요산요수 김규영의 우리 문화 이야기, blog.naver.com/flowerbud21)

1904년 초 숭례문 주변 사진(조지로스 촬영)

(출처: 서울한양도성, seoulcitywall.seoul.go.kr)

정동 사람들

아름다운 개척자

정동과 정동제일감리교회 사람들

정동 사람들은 조선의 심장에서 근대를 밝히고 민족 자강을 위해 싸우며 한국 기독교의 복음을 꽃피운 그 모든 사람들의 핵심이다. 한국 감리교회와 장로교회를 개척한 아펜젤러와 언더우드 선교사를 비롯하여, 의료선교사 알렌·헤론·스크랜튼·호튼·교육선교사 메리 스크랜튼·헐버트·벙커·앨러스 등 이루 헤아릴 수 없다. 정동제일교회 사람들만 찾아봐도 목회자 아펜젤러와 동갑으로 한국 최초의 신학자로 불리는 탁사濯斯 최병헌 목사, 상해 임시정부수립과 독립운동에 헌신한 현순 목사와 손정도 목사, 3.1 독립운동의 민족대표 이필주 목사와 박동완 목사, 이화학당의 출신으로 3.1운동의 상징인 유관순 그리고 최초의 여성 문학

가이고 교수이자 파이프오르간을 도입한 하란사 등 잊을 수 없는 이름들이다. 독립협회 서재필 박사와 이승만 박사도 정동제일교회를 통해 신앙을 키우고 민족운동을 전개했다. 그러나 정동과 정동제일교회가 기억하는 아름다운 사람은 빈 무덤의 선교사 아펜젤러이다.

최병헌 목사

현순 목사

손정도 목사

하란사

왜 조선 교회는 두 개의 문을 만들었는가?

한국감리교회 선교의 개척자: 아펜젤러

"내 생애 야망은 주님을 섬기는 일에 전부를 바치는 것이다."

1881년 2월 26일, 24살의 아펜젤러H. G. Appenzeller가 프랭클린 마샬 대학Franklin and Marshall College 3학년 때 해외 선교에 대한 강연을 듣고 선교사가 되기로 결단하면서 쓴 일기다.

헨리 게하르트 아펜젤러는 1858년 2월 16일, 미국 펜실베니아 수더튼Souderton의 작은 시골 마을에서 태어나 이곳에서 유년 시절을 보낸다. 넉넉하지 못한 집안 형편으로 학비를 벌면서 사범학교, 일반대학, 신학교를 나온다. 그의 집안은 스위스 이민자 가정으로, 고조할아버지인 야곱 아펜젤러Jacob Appenzeller가 1753년 펜실베니아에 도착한 것으로 시작된다. 가족과 함께 독일계 개혁교회에서 신앙을 키웠다. 공립학교 졸업 후 초등학교 교사를 양성하는 2년제 웨스트체스트 사범학교에 진학한다. 19살인 1876년 10월 1일 장로교회 부흥회에서 복음 전도자 풀턴Fulton의 설교를 듣던 중 회심을 체험한다. 그는 매년 이 회심의 날을 자신의 영적 생일spiritual birthday로 기념한다. 1878년 랭카스트에 있는 신학교에 입학하여 제일감리교회에 출석하였고, 좀 더 적극적인 신앙생활을 위해 1879년 4월 감리교회 입교인이 된다. 이일로 독일 개혁교회 목회자가 되기를 기대했던 아버지는 아들과 등을 돌린다. 1882년 가을 감리교 목회를 위해 뉴저지주 메디슨

아펜젤러를 파송한 랭카스트 제일감리교회

(사진: 국민일보 2017년 2월 6일자)

의 드류신학교Drew Theological Seminary에 입학한다. 드류신학교에서 일본선교를 자원했던 아펜젤러는 한국 선교를 준비하던 친구 줄리안 워즈워드가 개인적인 이유로 포기하자 급히 선교지를 한국으로 바꾼다. 1884년 12월 20일 졸업을 앞둔 아펜젤러는 한국 선교사로 파송 받는다. 랭카스트 제일감리교회서 엘라 닷지Ella Dodge와 결혼한 지 3일 후였다.

미감리회 해외선교부는 스크랜튼W.B. Scranton 부부, 아펜젤러 부부 그리고 53살의 스크랜튼의 어머니 메리 스크랜튼M. F.

Scranton 이렇게 5명을 한국 선교 개척자로 임명한다. 1885년 1월 뉴욕 선교회에 함께 모여 2월 1일 샌프란시스코를 거쳐, 2월 27일 일본 요코하마에 도착한다. 갑신정변으로 불안정한 조선 정국을 지켜보며, 이곳에서 한글과 한국 문화에 대해 배우고 준비하는 시간을 가진다. 3월 31일 조선 선교회의 부감리사로 임명받고 한국으로 떠난 그는 4월 2일 아내 닷지 그리고 언더우드와 함께 부산을 거쳐 4월 5일 제물포에 도착한다. 그러나 갑신정변의 후유증이 여전히 상존한다는 주변의 강권으로 4월 13일 일본으로 돌아간다. 6월 20일 다시 제물포에 내려 7월 29일 드디어 한국 선교의 목적지 서울에 도착한다.

1885년 7월 29일, 정동에 도착한 아펜젤러는 8월 3일, 자신의 집에서 이겸라와 고영필 등 두 학생에게 영어를 가르치면서 최초의 근대학교인 배재학당을 설립한다. 1887년 2월, 고종황제로부터 '유능한 인재를 길러내는 집'이란 의미의 '배재학당培栽學堂'을 하사받음으로 나라가 인정하는 학교가 된다. 그해 르네상스식 1층 벽돌 교사를 신축한다. 강의실 4개, 도서관 그리고 반지하에 가난한 학생을 위한 작업실을 만든다. 학교 교육의 목표는 통역관이나 기술자 이전에 "폭넓게 교양을 쌓은 이(Liberally educated men)를 만들려고 한다"였다. 삼문인쇄소를 만들어 1897년 최초의 신문인《조선 그리스도인 회보》를 발간하고,《협성회보》도 발간한다. 1889년 교리서인《미이미 교회강례》와《성교촬요》를 발행했으며, 1900년까지 25만여 권의 서적을 인쇄·출판한다. 또한 배재학당·이화학당 등의 교과서와 성경 및 찬송을 출판하는 등 현대적인 인쇄와 출판을 시작한다. 성서번역 사업에도 헌신하여《누가복음》을 비롯하여 스크랜튼·언더우드 등과 함께 여러 신약성서를 출판한다. 1890년에는 종각 근처에 대동서시 (종로서점)를 설치하고, 대한성교서회(현 대한기독교서회)도 설립한다.

복음전도가 금지된 상황에서도 기독교에 관심을 가진 이들에게 조용한 전도로 세례자를 얻게 된다. 정동에서 사역한 지 2년만인 1887년 가을에는 한국인을 위한 첫 예배를 드림으로 한국 감리교회의 모교회인 정동제일교회가 창립된다. 1897년 성탄절 정동에 최초의 양식 예배당이 건축되자 교육, 의료, 교회 사역을 연결하는 중심적 공간이 된다. 현순과 손정도 목사의 설교와 서재필 박사의 강연 등 나라 사랑하는 힘을 키우는 곳으로 감리회 지방선교부의 모델이 된다. 동시에 정동 예배당은 결혼식과 음악회 연극 공연 등 근대화를 경험하는 공간이 된다.

아펜젤러는 정동선교부가 안정화되자 전국에 선교부를 개척하고자 여러 차례 모험적인 선교지 탐사 여행을 감행한다.

아펜젤러의
프랭클린 마샬대학 졸업사진

중년의 아펜젤러

《Christian Advocate》의 1887년 7월 21일 자 기고문이다.

"지금 나의 가장 큰 소망은 마을에서 도성에서 예수를 선포하는 것이다. 그날은 아직 오지 않았지만, 그러나 곧 임할 것이다. 우리 학생들 몇몇을 곳곳으로 보내면서 나는 우리에게 덩어리 전체를 발효시키는 효모와 같은 능력이 있음을 느낀다."

1889년까지 5차례에 걸쳐 북으로 의주에서 남으로 부산까지 한반도 전국을 탐사 여행한 아펜젤러는 신실한 순회 '선교 탐험가itinerant missionary explorer'였다. 한국에 도착할 무렵 80킬로그램이 넘었던 그의 체중은 중년의 나이로 세상을 떠날 무렵 60킬로그램에도 못 미쳤다고 한다. 아펜젤러는 1902년 6월 목포에서 개최되는 '성서번역위원회'에 참석하려고 인천에서 배를 탄다. 어청도 근처 해상에서 밤중의 짙은 안개로 다른 배와 충돌 및 침몰하는 사고로 1902년 6월 11일 밤 10시경 순직한다. 아펜젤러의 장례식은 1902년 6월 29일 주일에 치러졌는데, 장례식에서는 한국을 사랑한 그를 기리며 애국가가 불려지고 태극기가 게양된다. 그의 장남은 배재학교 교장으로, 장녀는 이화학당 교장으로 봉직하다 한국 땅에 묻혔으며 막내 또한 이화여대 교수로 한국

1950년 정동제일교회에서 열린 엘리스 아펜젤러 장례식

왜 조선 교회는 두 개의 문을 만들었는가?

선교에 헌신하였다.

한국 감리교회 개척 선교사로 오랫동안 아펜젤러와 함께 사역했던 존스 선교사가 아펜젤러 순직 1주기에 그의 영전에 추모의 글을 바친다.

"전도자, 선교사, 교육자, 편집자 그리고 번역자인 헨리 게하르트 아펜젤러는 뛰어난 인품을 가진 성실한 일꾼이었다. 1858년 2월 6일 태어나 1902년 6월 11일 45세로 요절하였다. 그는 자신이 탔던 불운의 배와 그가 사랑한 조선인들과 함께 사라졌다. 바닷물은 그를 삼켜 그의 무덤을 간직하고자 하는 우리의 작은 소망마저도 앗아갔다. 그의 안식처를 나타내는 비석이나 장식도 없는 회색빛 쓸쓸한 바다 속에 잠들었다. 우리는 그가 죽었다고 말한다. 그러나 그렇지 않다고 여겨지는 것은 뒤에 남겨진 우리의 마음속에는 그가 결코 죽지 않았기 때문이다. 어떤 이들은 그가 죽은 뒤에 웅장한 기억만을 남겨 두었다고 한다. 그러나 우리의 형제는 더 큰 것을 남겼다. 그는 그가 도와주었던 많은 사람들의 삶에 도덕적 선함으로 자신을 투영시켰으며, 그는 영원히 우리 삶에 살아 있다."

한국감리교회

근대화와 복음의 전령사

미국감리교회 한국 선교(1885-1930)

미국 북감리회 조선 선교

1882년 조미수호통상조약에 따라 1883년 5월 정동에 미국공사관(현 미국대사관저)이 설치되고 푸트L. H. Foote가 초대 공사로 내한한다. 이에 조선 정부는 민영익을 수반으로 한 '보빙사절단'을 미국에 파견한다. 1883년 9월 샌프란시스코에 도착한 보빙사가 워싱턴으로 가는 열차 안에서 볼티모어 러블리레인교회 담임 가우처J. K. Goucher 목사를 만난다. 이 일로 가우처와 미국 북감리회가 조선 선교에 관심을 가지게 된다. 그해 11월 미감리회 해외선교부는 5천 달러를 한국 선교 개척비로 책정한 후 일본에 있던

왜 조선 교회는 두 개의 문을 만들었는가?

매클레이를 조선에 파견하여 선교 가능성을 탐색하도록 한다. 매클레이R. S. Maclay 선교사가 1884년 6월 내한하여 고종으로부터 의료와 교육 사업을 허락받음으로서 감리회의 조선 선교가 시작될 수 있었다. 이듬해 1885년 4월 5일 아펜젤러Henry G. Appenzeller 부부는 북장로회 선교사 언더우드Horace Grant Underwood와 함께 제물포에 상륙했지만, 갑신정변의 영향으로 상경하지 못하고 다시 일본으로 돌아갔다가 6월 20일 다시 인천에 도착한다. 그 사이 5월 초에 스크랜튼William B. Scranton 의료 선교사가 내한하여 한 달 전에 개원한 제중원에서 알렌을 도와 의료 사역을 시작한다. 곧이어 6월과 7월에 도착한 스크랜튼 대부인Mary F. Scranton과 아펜젤러 부부 등은 정동 서쪽 지역에 감리회 정동 선교부를 세워간다.

스크랜튼은 이곳에 먼저 무료로 약을 나눠주고 진료하는 시약소(현 벧엘예배당터)를 열었고(6월), 아펜젤러는 시약소 남서쪽에 배재학당을 설립(8월) 그리고 1886년에 메리 스크랜튼은 배재학당 북쪽에 이화학당을 세움으로 의료와 교육을 내세운 한국 감리교회의 선교가 구체화된다. 스크랜튼이 세운 시약소는 제중원과 달리 가난한 민중을 위한 민간병원으로 많은 백성들이 몰려들었고, 1887년에는 고종이 시병원施病院이라는 이름을 하사했다. 아펜젤러의 남자 학당도 고종으로부터 '배재학당培材學堂'

이라는 교명을 하사받자 학생들이 몰려왔고 1887년에는 양식 교사를 신축했다. 1887년 10월에는 여성 선교사인 로드와일러L. C. Rothweiler와 하워드M. Howard가 파송되었으며, 하워드는 1887년 시병원 북쪽(현 정동제일교회 유치원터)에 한국 최초의 여성 전용 병원인 '보구여관普救女館'을 세웠다. 선교사들은 의료와 교육 사업에서 시작하여 교회개척이라는 직접 선교가 포함된 통합 사역으로 선교 영역을 확장해갔다. 아펜젤러 사택에서 선교사, 외교관, 사업가 등이 참여하는 외국인 예배는 다시 선교사 사택과 학당에서 한국인 학생들이 참여하는 형태로 확장되어간다. 아펜젤러는 1887년 9월 현 한국은행 터에 초가 한 채를 구입하여 '벧엘 예배당'이라 이름 짓고 한국인이 참여하는 예배를 드린다. 1889년에는 정식으로 구역회Circuit를 열고 교회를 설립함으로 미감리회의 직접 선교가 시작된다.

미국 남감리회의 선교

남감리회의 한국 선교는 윤치호의 청원으로 1895년 10월 18일 중국에 있던 헨드릭스E. R. Hendrix 감독과 리드C. F. Reid 선교사가 내한함으로써 시작된다. 윤치호는 갑신정변에 가담했다가 성변 실패 후 상하이로 망명했을 때 남감리회와 접촉하여 교인이 되었다. 중국에서 15년 넘게 선교사로 있던 리드는 중국과 조선 사정을 잘 알고 있었기에, 이듬해 8월 리드 부부가 서울 남대문 근처

왜 조선 교회는 두 개의 문을 만들었는가?

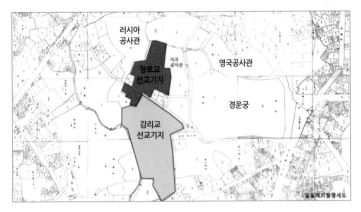

1889년 정동 감리회 및 장로회 선교부 부지

(출처: 최준호, 2015)

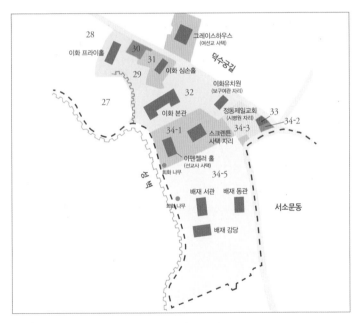

1930년 정동 지역 감리회 건물 분포도

에 정착하여 선교 활동을 시작한다. 그 결과 1897년 5월 2일 고양읍에 첫 남감리교회인 고양읍교회, 6월 21일에는 서울의 첫 교회인 광희문교회가 설립된다. 1897년에는 콜리어C. T. Collyer와 미망인 캠벨J. P. Campbell이 2차 선교사로 들어옴으로써 북감리회처럼 남녀 선교 사업을 할 수 있는 여건이 마련된다.

남감리회는 배화여학교, 한영서원, 호수돈여학교, 구세병원 등 학교와 병원을 설립하였고, 또한 태화여자관을 비롯하여 개성, 원산, 춘천 등지에 여자 사회관을 설립하여 한국 근대 사회복지 사업의 문을 연다. 남감리회는 선교 초기부터 신학교육에 있어서 북감리회와 협력하였고, 1907년에 두 교회 연합으로 협성신학교(현 감리교신학대학교)를 설립한다. 또한 남감리회는 1907년 동만주 선교를 시작으로 만주, 시베리아에 선교사를 파송한다. 미국에서 남북 감리교회는 노예제를 이유로 갈라졌지만 한국에서만큼은 서로 협력한다. 같은 시기에 내한한 감리회와 장로회는 선교사역의 경쟁을 피하기 위해, 1893년부터 몇 차례에 걸쳐 선교지 분할 협정을 맺었다. 감리회는 남북 감리회 두 개의 선교부만 들어와 있고 장로회는 비 남북 장로회, 캐나다 장로회, 호주 장로회 등 총 네 개의 선교부가 들어와 있어서 초기부터 양 교단은 교세 차이를 보였다. 현재도 감리회가 중부지역에 강세를 보이고 장로회가 전라도, 경상도를 포함한 남부지역에 강세를 보

왜 조선 교회는 두 개의 문을 만들었는가?

이는 이유가 선교지 분할의 영향이다.

부흥 운동과 토착 신학 그리고 민족운동

장로회 중심의 1907년 평양대부흥운동은 1903년 원산에서 사역하던 남감리회 선교사 하디Hardie의 회개로 시작되었고, 1909년 백만명구령운동으로 연결된다. 이 과정에서 선교사들과 한국인 모두 자신의 죄를 회개하며 기독교 가치와 윤리에 바탕을 둔 신앙공동체 형성에 매진한다. 더불어 20세기 초 회개를 통한 부흥운동의 체험으로 복음을 주체적으로 해석하려는 토착 신학이 탁사 최병헌에서 시작된다. 최병헌 목사는 동양 전통종교와의 대화를 통해 '기독교의 절대성'을 제시했고, 기독교가 민족 문화와 종교 전통 속에 뿌리를 내릴 수 있는 문화 선교의 길을 열어 준다. 한편 전덕기 목사는 상동교회와 엡윗청년회를 중심으로 민족운동가들을 규합하여 국권 회복 운동과 애국 계몽운동을 전개한다. 이 시기 상동교회는 항일 독립운동과 민족운동의 아지트 같은 곳이었다. 1911년 105인 사건 때 윤치호, 서기풍, 안경록 등이 체포되어 옥고를 치렀고, 3.1운동 때 이필주 목사, 신홍식 목사, 정춘수 목사, 최성모 목사, 오화영 목사, 신석구 목사, 박동완 전도사, 박희도 전도사, 김창준 전도사 9명이 민족대표로 참여하여 옥고를 치른다. 3.1운동 당시 교회는 만세운동의 구심점이 되었고 그로 인한 희생도 컸다.

자치시대(1930-1945)

3.1운동 이후 한국 교회의 자립 의지가 높아지면서 북감리회와 남감리회 지도자들의 교회 합동 논의가 시작된다. 1925년 '남북 감리교연합기성위원회'가 조직되었고, 1930년 12월 2일 '기독교조선감리회' 창립총회가 서울에서 열려 감리교회의 '자치교회 시대'를 연다. 연회는 중부, 서부, 동부, 만주 네 개의 연회를 두었고, 총리사(감독)는 북감리회보다 교세가 약했던 남감리회 출신의 양주삼 목사가 선출된다. 한국 감리회가 자치시대를 열면서 의미 있게 진행한 사업으로, 모든 의회 구성을 평신도와 성직자 동수로 하여 평신도의 역할을 증대시켰으며, 여성 성직의 문호를 개방하여 1931년 연합연회에서 감리회 최초로 여선교사(외국인) 14명이 목사 안수를 받는다. 무엇보다 선교국보다 피선교국에서 남북 감리회교단이 합동된 것은 의의가 크다.

그러나 1930년대부터 시작된 일제의 민족말살정책은 한국 감리교회에 어두운 그림자를 드리운다. 조선총독부의 압력에 굴복하여 양주삼 총리사가 1937년 선교사들과 함께 신사참배에 대한 성명서를 발표하고, 같은 해 개최된 3차 총회는 남산의 조선 신궁 참배로 시작된다. 당시 총리사로 선출된 김종우 목사는 10개월 뒤 병으로 별세하였고, 후임 감독으로 정춘수 목사가 선출되면서 감리회는 더욱 친일의 길을 걷는다. 1941년에 '기독교

왜 조선 교회는 두 개의 문을 만들었는가?

조선감리회'는 해산되었고 '기독교조선감리교단'이 되어 일본 기독교회 산하가 된다. 1945년 7월 19일에는 조선의 모든 기독교 교파가 통폐합되어 '일본기독교조선교단'이 된다. 조선 선교를 통해 미국보다 앞서 남북 감리회가 하나로 합동하면서 자치 시대를 시작한 한국감리회는, 이 시기에 이전에 이룩한 아름다운 신앙 전통을 저버리고 신사참배를 시작으로 영적 배반과 굴욕의 터널을 지나게 된다.

해방과 자립시대(1945-현재)

1945년 8.15해방과 함께 남북분단으로 38선 이북에 있던 감리회 교인들은 1946년 서부연회를 재건하였으나 공산주의 정권이 들어서면서 극심한 수난을 받는다. 많은 교회 지도자들이 공산 정권을 지지하지 않는다는 이유로 투옥되었다. 결국 북한에 있던 많은 교인들은 신앙의 자유를 찾아 월남하였고, 이후 북한 교회는 '침묵의 교회'가 된다. 한국전쟁을 겪으면서 감리회는 여러 예배당이 파괴되는 등 위기에 처했지만, 미감리회의 적극적인 지원이 교회 재건과 교세 확장의 발판이 된다. 더불어 광화문 사거리 교단본부 부지를 정부로부터 할당받는 등 당시 이승만 정권의 지원 속에 성장을 이어간다. 한편 1955년, 감리회에서는 한국 교회 최초의 여성 목사 안수가 이루어진다. 1931년 감리회 총회에서 외국인 여선교사들을 안수한 후 20년 이상 지났지만, 한국 최초의 여성 목사 안수이기 때문에 그 의미가 크다.

　분단 상황에서 남한의 교회는 내적 갈등과 분열로 어려움을 겪는다. 감리교회도 해방 직후 재건파·복흥파 분열을 시작으로 1954년, 1970년, 1974년에 각각 교회 분열의 아픔을 겪었으나, 1978년 다시 합동함으로 '하나된 감리교회' 전통을 이어 나간다. 1974년 시작된 '5천 교회 1백만 신도운동'과 1987년 시작된 '7천 교회 2백만 신도운동'은 교회 성장의 토대가 된다. 1978년 이후 하나의 교회로 성장하던 감리회는 2004년 전임 '감독회장' 제도가 신설되면서 최근까지 갈등을 완전 매듭짓지는 못하고 있다. 해방 이후 오늘까지 한국감리회는 한국기독교교회협의회, 대한성서공회, 대한기독교서회, 한국찬송가위원회, 기독교방송, 대한기독교교육협회, 기독교청년회, 여자기독교청년회 등을 통한 초교파 연합사업 그리고 교회협의회, 세계감리교협의회 등 국제적 교회일치운동 기구에 참여하고 있다. 또한 1960년대 이후 감리교 신학자들에 의해 제기된 '토착화 신학'은 기독교 신학 전통에서 한국의 종교·문화 진통을 재해석함으로 동·서 신학의 교류와 대화의 길을 열었다는 평가를 받는다.

　1985년 '기독교대한감리회 1백주년 기념대회'에서 선교 2

왜 조선 교회는 두 개의 문을 만들었는가?

벧엘예배당 전면보수 공사(2001)
경세종을 종탑에 옮겨 설치하고 있다.

세기를 전망하고, 1996년에는 7개 연회, 국외선교연회, 서부연회, 183개 지방, 4,700개 교회, 교인 수 135만 명 등 양적 성장을 이룩했다. 그러나 21세기 한국 교회의 양적 성장이 멈추고 정체성 위기 상황에서 감리교회도 교세가 줄어들고, 교단 총회의 갈등, 목회자 윤리 문제, 목회 세습 등 여러 가지 도전에 직면하고 있다. 이 과정에서 한국감리교회는 WMC 대회를 유치하고, 2012년 9월 총회에서 목회세습 금지법 재정과 2016년 1월 임시 총회에서 한국 교단 최초로 목회자 이중직을 허락하는 등 시대적 과제에 대처하는 노력을 하고 있다.

왜 조선 교회는 두 개의 문을 만들었는가?

정동제일감리교회

감리교회의 어머니

정동제일교회는 1885년 내한한 아펜젤러 선교사가 설립한 한국 감리회 최초의 조직 교회다. 아펜젤러는 권서인勸書人의 살림집 겸 배재학당에서 개종한 학생들의 성경 공부방으로 사용하기 위해 1887년 9월 남대문 근처(현 한국은행 터)에 작은 한옥 한 채(8자×8자 면적, 높이 6자)를 구입해 이 집을 '벧엘예배당Bethel Chapel'이라 불렀다. 10월 9일 주일, 이곳에서 아펜젤러가 한국인 권서인 최씨와 장씨 그리고 그들의 두 부인 등 5명이 참석한 가운데 최초의 한국어 예배를 드리면서 정동제일교회가 시작된다. 1885년 7월 29일 정동에 정착한 아펜젤러는 그의 사택 한 방을 가족 예배처로 사용하였고, 이곳에서 그해 10월 11일 외국인 선교사와 공관원들이 참석한 가운데 최초의 성찬 예배가 있었기에 정동제일교회에서는 이 날을 창립일로 기념한다.

> "우리는 사방 8자 되는 방에 한국식으로 보여 앉았다. 내가 기
> 도(영어)로 예배를 시작한 후 모두 마가복음 1장을 읽고 장씨의
> 폐회 기도로 모임을 끝냈다. 우리에게 대단히 관심 있는 모임이
> 크게 발전하도록 하나님께 간절히 기도했다."
>
> (아펜젤러 일기, 1887.10.11.)

이곳에서 10월 16일 최씨 부인에게 세례를 주어 최초의 한
국인 여성 세례자가 탄생했고, 10월 23일에는 한국 감리교회 최
초의 성찬식이 있었다. 5평도 안 되는 작은 방에서 10명의 남녀
가 함께 예배를 드리는 것이 외부의 시비거리가 되자, 12월 초에
는 바로 옆에 두 배 정도의 집을 구입해서 방 가운데 휘장을 치고
예배를 드린다. 그해 성탄절 예배에서 아펜젤러는 처음으로 통역
없이 한국말로 설교한다. 1888년 5월 정부의 '선교 금지령'과 뒤
이어 발생한 '영아소동the Baby Riot' 등으로 첫 벧엘예배당은 폐쇄
된다. 이후 1897년 정동에 벧엘예배당이 신축될 때까지 남자는
아펜젤러와 존스의 집에서, 여사는 스크랜튼 대부인집에서 각각
별도로 조용한 집회를 가진다. 이처럼 정동제일교회 초기 10여
년은 떠도는 유랑 시대였다.

왜 조선 교회는 두 개의 문을 만들었는가?

주일예배 참석인원이 늘어나고 남녀가 함께 모여 예배드릴 수 있는 큰 예배당이 필요하자, 1895년 시병원 터에 새로운 예배당 건축을 시작해 1897년 성탄 주일에 헌당식을 가진다. 당시 새 예배당은 총 115평의 고딕풍 벽돌 건물로 장안의 화젯거리였다. 1897년 새로 건축된 정동예배당은 2차례 증축(1916, 1926)으로 정방형 175평으로 확장되었고, 2차례 부분 파괴(1951년 6.25 전쟁 때의 폭격, 1987년 화재) 및 2차례 복구공사(1952, 1988) 그리고 2002년 전면보수와 재봉헌이 이뤄진다. 이 과정에서 벧엘예배당은 개신교 건축물 중에서는 처음으로 1977년 3월 국가 문화재(사적 256호)로 지정된다. 1979년 4월 15일 부활주일에는 문화재예배당 서쪽 벽면 옆으로 100주년 기념예배당이 완공된다. 19세기에 건축된 벧엘예배당은 예배 공간 이외에도 시민사회 토론회와 음악회·성극 등이 열려 민주주의와 근대문화 그리고 민족의식을 일깨우는 데 크게 공헌한다. 특히, 배재학당과 이화학당 학생들을 중심으로 남녀가 한 공간에서 함께 예배를 드리고 집회에 참석함으로 남녀평등과 여권신장 운동의 중심이 되기도 했다.

정동제일교회는 한국감리회의 첫 교회로 정동선교부Mission Station의 교육, 의료, 선교를 묶어주는 중심적 역할과 함께 한국사회의 근대화와 민족운동의 요람 그리고 한국감리교회의 성장과 교회개척 사역을 감당한다. 1889년부터 종로의 중앙교회, 인

아펜젤러 초기 정동 사택

천의 내리교회, 1906년 신촌지역의 서강교회와 창천교회, 1907년 염창교회와 마포교회, 1909년 이태원교회, 1910년 만리현교회 등을 개척했다. 아펜젤러, 올링거, 최병헌 목사에 이어 5대 담임(1913-1915)이 된 현순 목사는 김종우 전도사와 함께 남산에서 새벽기도를 드리며 나라를 잃은 백성에게 소망의 메시지를 선포하며 교회를 부흥시킨다. 현순 목사 후임 손정도 목사(1915-1918)는 기독교 신앙과 민족의식을 고취시키며, 전도의 열정과 명설교로 교회를 크게 부흥시킨다. 손정도 목사 시절엔 엡윗청년회가 다시 조직되었고, 예배당 1차 증축(1916)과 미감리회 총회에 한국연회 평신도 대표로 참석한 하란사의 모금 운동으로 1918년 국내 최초 파이프오르간이 설치되었으며, 예배당 안의 남녀 좌석을 구분하던 가림막을 철거하고 의자를 놓았다. 당시 교인수가 크게 늘어 입교인 747명, 학습인 275명, 원입인 930명, 주일 학생 820명 등 총 2,772명에 달해 한국 최대 규모의 교회로 성장한다.

손정도 목사를 이은 이필주 목사는 1919년 3.1운동 때 박동완 장로와 함께 민족대표 33인으로 참여한다. 당시 예배당 강대상 뒤편에 설치된 파이프오르간의 빈 공간에서 독립운동 소식지를 인쇄하여 배부하는 등 많은 교인이 3.1만세운동에 참가한다. 3.1운동 이후에는 문화 운동과 대중을 위한 야간학교 개설 등을 통한 선교 활동을 전개한다. 정동제일교회는 한국감리교회의 어머니 교회로 1930년 남북감리교회가 하나로 통합된 조선감리교회 창설에 주도적 역할을 한다. 광복 후 교단의 갈등과 분열 속에서 평신도 지도자들이 중심이 되어 1949년에는 재건파·부흥파의 합동 총회를 개최하는 데 중요한 역할을 감당한다.

21세기 들어 2000년 1월 '젊은이교회' 설립, 2002년 문화재 예배당 전면 수리 및 재봉헌, 알마티 정동교회 봉헌, 벧엘예배당 파이프오르간 복원 그리고 아펜젤러와 최병헌 기념사업 등 한국의 대표 역사 교회로서 정체성 회복 사업과 글로벌 시대의 사명을 감당해가고 있다. 특히 벧엘예배당은 19세기에 건축된 한국 개신교 유일의 양식 예배당으로, 21세기 근대 문화유산에 대한 관심 증가와 함께 정동의 랜드마크로 순례자의 방문이 이어진다.

왜 조선 교회는 두 개의 문을 만들었는가?

2017 정동야행 벧엘예배당 개방

(사진: 불락지피, blog.naver.com/haejukdl)

정동제일교회 전경(사진: 서울중구청)

서울 두 개의 문

정동제일감리교회 벧엘예배당

두 개의 문

1887년 10월 남대문 근처 5평 남짓한 초가집에서 시작된 벧엘 예배당은 곧바로 이웃 사람들의 입방아에 오르내린다. 두 권서 인 부부를 포함한 10여 명의 남녀가 한 방에서 예배를 드리기 때 문이다. 생활 속 깊이 자리 잡은 남녀유별男女有別을 실감한 아펜 젤러는 서둘러 두 배 이상 넓은, 옆집 한옥을 구입한다. 방 가운 데 휘장을 치고 남녀가 함께 예배를 드린다. 이도 잠시, 이듬해 봄 '영아소동the Baby Riot'으로 한옥 예배당은 폐쇄되어 조선인에게 매각한다. 10여 년 동안 별도의 예배당 없이 남자는 정동 아펜젤 러 사택에서, 여자는 메리 스크랜튼 대부인 집에서 따로따로 예 배를 드린다. 남녀로 분리된 두 개의 교회로 존재한다.

병원도 남자 병원인 시병원과 여자 병원인 보구여관으로 구분했고, 학교 역시 남학교 배재학당과 여학교 이화학당으로 엄격하게 구분했다. 아펜젤러는 남자와 여자가 따로 예배드리는 10년간의 유랑교회를 통해 한국의 유교 문화와 충돌하지 않으면서도 예배당에서부터 남녀평등을 실현하려고 깊이 생각한다. 가족 단위의 예배가 그러하고 선교사들의 예배 역시 남녀 구별과는 무관하다. 미국 감리교회 예배에도 없고, 복음화된 조선 땅에서도 사라질 문화라 생각했다. 하지만 굽은 소나무를 한 번에 펼 수 없듯이, 변화의 시간과 과도기적 묘안이 필요했다. 한국 선교 초기 한 세대, 적어도 1920년대까지는 한옥과 양옥 예배당에 관계없이 남녀의 공간을 구분한다. 초기 한국 교회 예배당에서는 남녀 공간을 구분하기 위해 'ㄱ자 예배당'과 회중석의 가림막 또는 휘장이 적용된다. 평면 형태와 무관하게 출입문을 좌우 하나씩 두어 남녀가 각각 따로 사용하도록 한다. 출입문의 형태나 크기는 대부분 동일하게 만든다. 이로써 초기 예배당에 적용된 두 개의 문으로 '이미 그러나 아직'의 하나님 나라와 같은 미완의 근대를 출입한다.

아펜젤러는 첫 안식년(1892-1893)으로 미국에 있을 때 감리회에서 발간하는 '교회설계 도면집Church Plan'을 보고 이를 활용하기로 마음먹는다. 귀국 후 이듬해 감리회 선교본부에 요청해

1894년 판 25번 도면과 세부 자료를 받아보고 설계자에게 몇 가지 수정사항을 요청한다. 핵심 수정사항은 25번 도면에 좌측 종탑에만 있는 회중석 주 출입문을 좌우측에 각각 하나씩 만들고, 뒤쪽 벽면에도 좌우에 하나씩 출입문을 두는 것이다. 남녀의 출입을 구분하기 위한 요청이다. 다음으로 원 도면에 있는 좌우 익랑의 공간을 줄이고, 내부 본체와 가변적으로 구분할 수 있는 접이식 문 그리고 별도의 익랑 출입문 등은 두지 않는다. 예배당 전체를 하나의 공간으로 최대한 넓게 사용하기 위해서이다.

1897년 12월 성탄절 신축 예배당의 봉헌예배를 앞두고 10월 3일부터 주일예배가 시작된다. 5월에 드려진 첫 예배는 수많은 회중이 참석한 가운데 스크랜튼 목사의 통역으로 조이스Isaac W. Joyce 감독이 설교를 한다. 서쪽 편문 위에 태극기와 성조기를 계양하고 전도소 앞에는 각종 화초로 단장했다. 배제학당 학생과 남자는 예배당 남쪽 문으로 입장하고, 이화학당 학생과 여자는 북쪽 문으로 입장한다. 예배당 안은 회중석과 강단이 같은 높이의 마룻바닥으로 방석을 깔고 앉았다. 회중석 가운데 가림막을 설치해 남녀를 구분한다. 오전 예배에 이어 오후 2시에도 집회가 이어진다. 두 개의 문으로 남자와 여자가 따로 출입하고 중앙에 길게 설치된 가림막으로 좌우로 구분되지만, 드디어 수백 명의 남자와 여자 신도가 한 공간에서 함께 예배드리게 된다.

| 왜 조선 교회는 두 개의 문을 만들었는가?

남자 출입문(남쪽)　　　　　　초기 여자 출입문(북쪽)

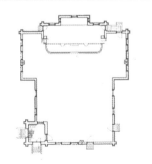

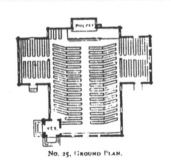

No. 25, GROUND PLAN.

1897년 준공 당시 벧엘예배당 투시도

(출처: 최준호, 2015, 130쪽)

1894년 Church Plan No 25 평면도

(출처:《사진으로 보는 정동제일교회 120년》)

벧엘예배당 초기 회중석
가림막으로 남녀석이 구분되었다.

벧엘예배당의 특이점은 건축양식의 문제라기보다는 이 건
물에 투영된 당시 한국 문화의 수용이다. 초기 한국 교회 예배당
이 한옥 초가와 기와집을 개조하거나 건축하던 형태에서 점차
서양식 건축으로 전환되면서 남녀유별 문화를 상당 기간 수용했
고, 벧엘예배당 역시 이 부분이 적용된다. 예배당 건축에 투영된
남녀유별의 유교 문화로 'ㄱ자 예배당', '예배당 회중석의 가림
막 혹은 휘장'(가족 단위의 회중석이 아닌 남녀로 구분되는 회중석),
'남녀 출입문 구분과 남좌여우男左女右 좌석배치' 등을 들 수 있
다. 벧엘예배당의 경우 초기 라틴십자가 평면에 남자(배재학당 학

왜 조선 교회는 두 개의 문을 만들었는가?

생과 남자 교인)는 종탑이 있는 남쪽 출입문을 사용했고, 여자(이화학당 학생과 여자 교인)는 북쪽 출입문을 이용했다. 따라서 회중석의 위치도 남자가 남쪽이고 여자는 북쪽으로 나뉜다(강대상을 바라보고 남자는 좌측, 여자는 우측). 회중석을 좌우로 구분하는 가림막이 강대상 앞쪽에서 뒤쪽 벽면까지 동서로 길게 설치된다. 이 가림막은 1915년경 손정도 목사 재임시에 완전히 철거된 것으로 보인다. 가림막과 휘장이 철거된 뒤에도 한동안 회중석은 남자 좌측, 여자 우측으로 자연스럽게 구분된다.

1916년 1차 우측(북쪽) 벽면 확장 공사 때 여자 출입문이 넓혀진 벽면에 재설치된다. 1926년 2차 증축 때는 확장된 남쪽 벽면 중간에 남자 출입문이 하나 더 설치된다. 이때는 남녀 출입문을 구분한다는 역할보다는 초기보다 2배 가까이 늘어난 공간에 많은 회중의 출입을 원활하게 하기 위한 것으로 보인다. 벧엘예배당 좌우측 두 개의 문을 자세히 보면 약간의 차이가 있다. 종탑에 있는 남자 출입문은 한 아치 아래 양쪽 여닫이고, 여자 출입문은 한쪽 여닫이다. 오르내리는 돌계단도 남자쪽 폭이 넓고 가장자리 장식석이 있다. 반면 여자쪽은 출입구 돌계단이 좁고 가장자리 장식석도 없다. 남녀를 차별하는 것이 아니다. 설계 구조상 종탑에 어울리는 출입문과 벽면에 추가로 설치한 출입문의 적합한 설계 구조를 반영한 것이다. 이것은 1926년 2차 증축 때 남쪽

벽면(남자) 중간에 추가로 설치된 출입구 구조를 보면 북쪽 벽면
(여자)의 구조와 동일한 것에서 알 수 있다.

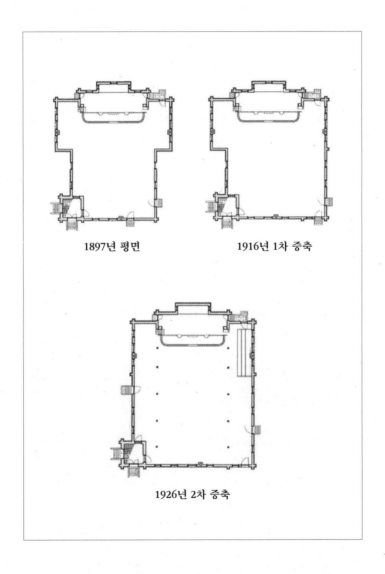

1897년 평면   1916년 1차 증축

1926년 2차 증축

| 왜 조선 교회는 두 개의 문을 만들었는가?

남쪽과 동쪽 출입문(배제학당 학생 및 남자 출입문)(위쪽) /

북쪽 출입문(이화학당 학생 및 여자 출입문)(아래쪽)

벧엘예배당 건축 배경

1887년 10월 9일에 시작된 정동제일교회의 첫 '벧엘예배당'은 정동이 아니라 지금 한국은행 근처였다. 전 감신대 역사신학 이덕주 교수는 1897년의 아펜젤러 일기와 1935년 감리교선교 50주년 기념예배 시 양주삼 목사의 '아펜젤러 약사'에 언급된 '남대문 안 근처 기도처'를 근거로 첫 벧엘예배당 위치를 현재 한국은행 근처로 보고 있다. 1897년 12월 26일 지금의 문화재예배당 봉헌예배에서 아펜젤러가 낭독한 '교회약사'에는 첫 벧엘예배당의 위치가 남대문 안 스크랜트 부인이 살던 집(상동 시약소로 지금의 상동교회) 근처라고 한다.

> "……10년 전 벧엘에서 예배드리기 시작했는데,
>
> 그 집은 지금 스크랜튼 대부인의 달성주택 뒷문에서
>
> 돌을 던져 닿을 곳에 있습니다……"
>
> *(아펜젤러 일기 1897.12.26.)*

아펜젤러의 일기에도 나오지만 1887년 가을 첫 예배처소가 설립되고, 1888년에 이어진 두 사건(명동성당 건축 문제로 인한 정부의 '선교금지령'과 '영아소동baby riot')의 여파로 1888년 5월 벧엘예배당은 폐쇄되고 그 집은 한국인에게 팔렸다. 주일예배는 1889년 가을에 조용하게 재개할 수 있었는데, 남자는 아펜젤러의 집과 배재학당에서, 여자는 이화학당과 보구여관에서 각각 별도로 집회를 가졌다. 1893년 정동의 시병원이 상동으로 옮겨간 뒤 200명 이상으로 늘어난 주일 집회 인원은 현 벧엘예배당 건축의 직접적인 계기가 되었다. 당시 정동, 종로 등 4곳으로 분산된 예배처와 배재학당 및 이화학당 두 곳의 학교를 중심으로 한 사역의 효율적 수행을 위해서는 중심 역할을 할 예배당이 필요했다.

아펜젤러는 한국에서 사역한 지 7년째 되는 1892년 6월 안식년을 맞아 1년간 미국으로 돌아간다. 그는 첫 7년간 한국 선교 활동을 되돌아보면서, 더 활발한 선교 사역을 위해 새 예배당 건축을 구상한다. 그러나 피선교지 교회의 '경제적 자립'을 우선 고려하여 본국에서의 모금 활동은 잠시 미루고 자료 조사와 전문가들의 의견을 청취한다. 사역자로서 열정이 넘치는 아펜젤러이지만 합리적이고 공동체적인 사역을 실천하는 사려 깊은 모습도 엿볼 수 있는 지점이다. 이듬해 6월 정동교회 담임으로 복귀한 그는 한국의 선교 동역자와 정동교회 교인들과 이 문제를 함께 논의하고 공동체의 의지를 확인하는 과정을 거친다.

"1893년 계사년 여름에 교회 관리사인 아펜젤러씨가 예배당 건축 경비를 미국 선교부에 청구하기 전에 교우 약간 인을 회집하여 의논하고 먼저 의연금을 수집하였는데, 겨우 엽전 '7량 2

전 5푼'이 되었고 그 후 2년간을 계속 모집하였다. *(중략)* 당시
건축비 예산으로 말하면, 선교회측이 지출한 650원과 본 교회
남녀교우의 연보한 금액 합계 700원으로 예배당을 건축하기로
결정하였다."

《감리회보》4권 2호, 1935년 2월, 3쪽)

당시 감리사 스크랜튼의 보고서에는 분산된 사역지로 인한
아펜젤러의 과중한 업무를 줄이는 방편으로도 새 예배당 건립의
필요를 말하고 있다. 이러한 정동지역의 효율적인 사역 그리고
주일 집회에 많은 인원을 수용해야 하는 현실적 과제와 더불어
남녀 교인이 함께 예배드리자는 시대적 요구에 따라서 1894년
12월 28일에 새 예배당 건축을 결의한다.

하지만 새 예배당 건축의 절실한 공감대와 자립 원칙은 가난
한 학생과 경제력이 없는 부녀들이 중심이 된 교회가 감당하기 쉬
운 문제가 아니었다. 정동교회 안에서는 이귀동이라는 이화학당
여학생이 머리카락을 잘라 헌금한 사건이 전 교인을 감동시킨다.
1895년 1월 개최된 연회에서는 500명 정도를 수용할 수 있는 교
회당을 정동에 건축하도록 최종 허락된다. 아펜젤러는 모금 활동
에 열정을 쏟으며 예배당 건축에 본격적으로 매진하지만, 처음부
터 순탄하게 진행되지는 않았다. 아펜젤러는 선교부가 운영하는

배재학당 건축(1887)

이화학당(1888)

기존 건물 중 불요불급한 건물(병원 소속)의 매각을 통해 건축비의 일부를 충당하려고 했지만, 감리사 스크랜튼이 반대한다. 또한 미감리회 해외선교부는 24만 달러 부채로 선교비를 긴축하는 상황이라 건축비 지원이 어려웠고, 필라델피아 연회 동료 역시 호응하지 않는 상황이었다. 아펜젤러의 모금 활동에 참여한 사람은 랭커스터 제일감리교회와 드류신학교 친구들(335달러), 조선에 거주하는 외국인과 조선 신도(750원) 등이었다. 8,000달러가 넘는 건축비의 대부분은 아펜젤러가 미국의 여러 기부자로부터 모금한 것이다. 이처럼 예배당 건축은 미리 확보된 재정으로 진행된 것이 아니라, 믿음으로 시작되어 믿음 안에서 결실을 맺었다.

벧엘예배당 건축

예배당 설계와 정초식

벧엘예배당의 모델이 된 것은 미국 북감리회 교회확장국Board of Church Extension에서 1894년 발간한 《교회설계 도면집Church Plan》의 '25번 도안'으로 알려져 있다. 아펜젤러가 1892년 안식년 휴가차 미국에 갔을 때 교회 건축과 모금 활동을 하던 중 이 도면집을 보게 되었고, 이후 최신판인 1894년 판의 설계 도면을 선택한 것으로 보인다. 감리회 선교본부가 《교회설계 도면집》의 저자인

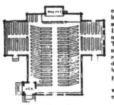

1894년 Church Plans No 25 투시도와 평면도 및 설명

벤자민 프라이스Benj. D. Price에게 편지를 보내 도면집 87쪽의 교회 설계 도면(평면과 투시도)을 아펜젤러에게 주도록 한다. 최준호는 프라이스가 아펜젤러에게 도면집을 전달할 때 25번 도면의 단면과 입면 등의 세부 자료도 함께 제공했을 것으로 추측한다. 벧엘예배당은 정통고딕식이 아니라 미국 동부에서 유행하던 단순화된 빅토리아 양식 혹은 조지아고딕Georgia Gothic 양식이다. 정동제일교회에서 2001년 문화재예배당을 전면적으로 수리하고 발간한 보고서에 따르면, 예배당 설계도와 관련한 또 다른 주장도 있다. 정동제일교회의 일부 자료에 따르면 설계자는 일본 요코하마에 있는 해안교회 설계자와 동일인이라 한다. 2002년 예배당 보수를 담당한 팀이 일본인 교회의 도움으로 해안교회 설계도와 사진을 확인한 결과, 1872년에 세운 해안교회당과 유사

점이 많은 것으로 확인되었다.

한국의 첫 서양식 벽돌조 건축인 벧엘예배당은 1895년 8월 7일 옛 시병원 건물이 헐리면서 시작되었고, 미국에서 제공된 도면을 기초로 일본인 요시자와 토모타로가 설계를, 건축에 조예가 있었던 맥길 선교사가 원산에서 올라와 공사 감독을 맡았으며, 건축 시공은 한국인 심의섭이 맡았다. 9월 9일에 스크랜튼 감리사의 집례로 성대한 정초식이 거행된다.

정동제일교회가 정초식으로 새 예배당 건축이 본격화되던 시기는 1894년 청일전쟁 승리와 동학혁명을 무력화시킨 친일 내각의 갑오개혁 그리고 일제와 러시아를 비롯한 반일본 진영 간의 세력 분쟁이 가열되고 있었다. 새 예배당 정초식이 있은 지 꼭 한 달 후 10월 8일은 을미사변으로 정국이 소용돌이에 흔들리는 폭풍전야 같은 시기였다. 한 치 앞을 내다볼 수 없는 국내외 정세 속에서도 정동선교부의 중심이 될 새 예배당 건축이 흔들림 없이 추진된다. 정초식에는 언더우드와 법무대신 서광범, 외무협판 윤치호 등 교계 인사와 징계의 주요 관료들이 참석한다. 한국 교회 선교사에 중요한 사건이 된 정초식 현장에서의 감격과 내일에 대한 비전을 아펜젤러는 다음과 같이 고백한다.

왜 조선 교회는 두 개의 문을 만들었는가?

"이것은 우리 교회사 속에 일어난 위대한 사건입니다. 배제학당에서 온 남학생들과 이화학당에서 온 여학생들이 처음으로 함께 모여 고개를 숙이고 기도했으며, 동시에 같은 기념사를 듣게 된 것입니다.……지금부터 35년 후에는 이 주변에 몇 층의 양옥들이 세워지고 우리 벧엘예배당에는 몇백 명 내지 천여 명의 신도들이 모여 예배할 뿐 아니라 남북 감리교회가 합석하는 자리가 되리라고 나는 믿습니다."

(아펜젤러가 스크랜튼에게 보낸 편지. 1895.10.4.)

아펜젤러는 벧엘예배당이 종교적 의례만이 아니라, 조선에서 남녀평등을 실현하고, 교계의 연합과 일치를 이루는 통전적 선교의 공간이 되리라는 꿈을 가졌다. 그의 소망과 함께 당시 선교 사역을 총괄하는 물품을 머릿돌 상자에 담았다. 머릿돌 상자에는 신·구 찬미가, 한문성서 1권, 언문판 마태·마가·요한복음 및 사도행전, 감리교 예식서, 감리교 장정 1892, Korea Repository 1895년 1월호, 한국 돈, 세례문답서, 감리교교리서, 성경문답서, 교리문답서, 1895년도 선교회의록, 선교자 명단 등을 담았다. 그러나 안타깝게도 2001년 대보수공사의 머릿돌 개방에서는 단 하나의 물품도 발견되지 않았다.

벧엘예배당의 완공과 봉헌예배

1895년 기초공사를 끝낸 예배당은, 1896년 지붕을 얹고, 공사가 마무리 단계에 이른 1897년 5월 9일(주일)에는 1,000여 명이 참석한 가운데 첫 예배를 드렸으며, 6월에는 배재학당 방학식을 이 건물에서 가졌다. 현재 벧엘예배당의 설계도뿐만 아니라 공사과정의 어떤 자료도 남아 있지 않다고 한다. 2002년 작성된 수리보고서에는 '당시에 없었던 붉은 벽돌 건물의 공사를 독립문 공사에 투입된 중국인 노동자들이'라고 추측한다. 한편 벧엘예배당이 건축되기 5년 전인, 1892년 9월에 서소문 처형장이 내려다보이는 중림동 언덕 위에 국내 최초의 양식 벽돌조 건축 교회인 약현성당이 완공된다. 약현성당의 설계는 프랑스 출신 부주교였던 코스트 신부Eugene-Jean Geroges Coste였고, 이때 붉은 벽돌의 자체 생산과 이형 벽돌이 사용되었다. 약현성당의 자료에 따르면, 붉은 벽돌의 생산은 당시에 가장 좋은 흙으로 왕궁의 기와를 굽던 와서현(현 용산 국군 중앙성당 근처)의 흙을 사용했으며, 벽돌 제작과 공사에 중국의 기술자와 노동자가 참여했다. 이러한 정황을 근거로 보면 1897년에 완공된 벧엘예배당의 붉은 벽돌은 중국식 기술로 서울에서 자체 제작되었고, 당시 중국인 노동자에 의해 벽돌 건물 공사가 진행되었다고 추정할 수 있다.

1897년 12월 26일 헌당식을 전후하여 5일 동안 부흥집회,

서울 약현성당(1892)

(사진자료: 서울 중구청)

기념전람회, 빈민구제헌금, 성탄등불집회, '남여평등' 청년토론
회 등이 진행된다. 봉헌예배는 아펜젤러 목사가 스크랜튼 감리사
에게 예배당 열쇠를 헌정하고 스크랜튼이 다시 하나님께 봉헌하
는 형식으로 진행되었다. 이어 스크랜튼이 봉헌사를 낭독하고 회
중 전체가 찬미가를 불렀다.

벧엘예배당 전경(1899)

벧엘예배당(1903)

첫 예배당 신축과 함께 지금까지 남아있는 예배당 안의 비품은 일본 나가사키에 있던 감리교 계통 가츠이活水 여학교 설립자인 러셀E. Russell이 기증한 강대상 등 몇 가지로, 일본에서 제작되어 들여왔다. 반육면체로 된 강대상에는 화려한 꽃문양이 조각되어 있고, 앞쪽 면에는 한자로 '전무전도專務傳道'와 '신망애信望愛' 라는 문구가 새겨져 있다. 2001년 보수 공사 때 다시 종탑에 올려진 종은 1902년 성경 번역 차 목포로 가던 중 군산 앞바다에서 순직한 아펜젤러를 기념하여 미국에서 주조해서 들여온 것이다. 최병헌의 모금 운동으로 제작이 완료된 종은 '세상을 깨우치는 종'이란 뜻으로 경세종警世鐘이라 명명했다. 경세종은 성공회 대성당의 종과 함께 일제 말기의 공출 위기와 6.25 전쟁에도 무사히 살아남았다.

건축양식으로 본 벧엘예배당

벧엘예배당은 십자형 평면의 '삼랑식' 고딕 예배당 양식이다. 당시 예배당 본채인 신랑nave의 길이가 21.2m, 너비가 12.1m, 양쪽 날개채인 익랑transept의 길이가 8.5m, 익랑의 너비가 4.2m, 높이 8m로 약 115평 규모의 건물이었다.

최준호에 따르면 프라이스의 1894년판《교회설계 도면집 Church Plan》'25번 도안'과 1897년에 완공된 벧엘예배당을 비교

경세종　　　　　　　　　　　　　종탑 내부

	교회 확장국 도면 25번	벧엘예배당 (1897년)
신랑(본채)	12.2m × 18.3m	12.1m × 21.2m
익랑(날개채)	5.0 × 7.9m	4.2 × 8.5m
종탑 높이	17.7m	15.2m
벽체 높이	5.5m	.
천장(중앙) 높이	7.3m	7.6m
종탑의 형태	사각뿔형	사면체형

하면 몇 가지 차이가 있다. 미국 도면에는 좌우 익랑이 비교적 넓은 장방형으로 각각 100명씩 앉을 수 있고, 본채와 구분할 수 있는 접이식 문folding door과 출입문을 두었기에, 필요에 따라서는 별도의 교실class room과 같은 공간으로 사용할 수 있다. 그러나 벧엘예배당은 익랑의 폭이 좁고 접이식 문과 별도 출입문을 두지

왜 조선 교회는 두 개의 문을 만들었는가?

않았다. 벧엘예배당의 익랑이 가변적 활동 공간이 아니라 십자형 평면의 모양만 유지하는 것으로 수정된 것은 주변에 이미 배재학당과 이화학당 건물이 있었기에 별도의 가변 공간이 필요하지 않았을 것으로 추정된다. 가변적 공간이 필요 없는 본채 중심의 십자형 평면은 이후 2차례 증축 과정에서 자연스레 장방형 구조로 확장하는 데 유리하게 작용되었을 것이다. 회중석과 제단이 구분되고, 의례가 중심인 천주교 성당의 고딕식 십자형 평면과 벧엘예배당의 십자형 평면은 확연히 성격이 다르다. 또한 가변적 공간을 염두에 둔 미 감리회 확장국 도면 구조와도 차이가 있다. 벧엘예배당의 십자형 평면 구조는 많은 인원이 참여할 수 있는 예배 공간이자, 교육, 친교, 행사, 공연 등 다양한 프로그램을 수용할 수 있는 현실적 필요에 맞는 공간으로 설계되었다. 즉, 용도 측면에서는 초기 장로교회당 건축에 주로 사용했던 삼랑식 장방형 평면 및 정방형 평면과 유사하다.

예배당의 지붕 구조도 전통 한국 목조 구법으로는 기둥이 없는 넓은 공간을 확보할 수 없었기에 서양식 트러스 구조가 적용되었다. 초기 개신교 교회 건축에는 볼트와 아치 등이 사용되지 않는 '가위형 가새 트러스Scissor bracing', '왕대공 트러스king post roof truss', '쌍대공 트러스queen post roof truss' 등이 주로 사용되었는데, 벧엘예배당은 처음으로 가위형 가새 트러스 지붕 구조가 적용되었다. 이 구법은 경사가 급하고 높은 천장을 갖고자 할 때 유리한

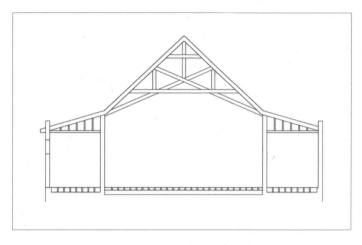

삗엘예배당 지붕 구조(가위형 가새 트러스)

(출처: 최준호, 2015)

삗엘예배당 내부구조

(사진자료, 최준호, 2015)

지붕 구조이다.

십자형 평면으로 디자인된 벧엘예배당의 양쪽 익랑에는 성가대석이 자리하고 신랑 쪽에 강단이 설치되었다. 신랑과 익랑이 십자가 형태로 교차하는 중심부에 성찬용 제단alter을 설치하고, 제단 뒤쪽에 로마네스크 양식과 같은 후진apse과 후진랑apsides 그리고 교회 입구의 격자형 종탑을 설치한 것으로 보면 삼랑식 고딕 양식이라 할 수 있다. 지붕은 가위형 가새 트러스 구법을 적용하여 천장을 높이고, 박공 형태의 함석으로 꾸몄다. 벽면은 사방으로 부채꼴 아치형 창문을 내고, 후진과 후진랑, 종탑과 동쪽 벽면 위쪽에 원형 장미창rose window을 두어 내부 공간에 자연 채광이 많이 들어오도록 하는 고딕 건축의 특성을 담았다. 벧엘예배당이 전체적으로는 고딕 양식을 따르지만 중세 고딕 양식의 특징인 높은 천장과 부채꼴 천장의 화려한 장식이 없고, 신랑과 익랑을 구분하는 아치형 기둥 등이 생략되었다.

이러한 건축양식은 18세기 영국의 비국교도(감리교, 장로교, 루터교 등) 예배당 전통에서 유래한다. 외관은 고딕 양식을 따르되 내부는 설교 중심의 예배가 용이한 개혁교회 예배당의 특징을 반영한 것이라 할 수 있다. 벧엘예배당은 정통 고딕식이 아니라 18-19세기 미국 동부에서 유행하던 단순화된 빅토리아 양식 혹은 조지아고딕Georgia Gothic 양식이라고도 한다. 당시 미국 개혁교회가 즐겨 사용하던 변형된 벽돌식 고딕 예배당은 1.2차 대각성 운동으로 미국 복음주의 교회가 부흥하는 환경에서 세상에 맞서 전투를 치르는 군사 요새 같은 교회당을 상징하기도 했다. 한편으로는 근대화된 미국 문명과 서구 교회의 문화적 우월주의가 반영된 권위적이고 견고한 성채로서의 교회당이기도 하다.

벧엘예배당 증축(1916, 1926)

1916년 1차 예배당 증축

"본 교회 예배당이 건축된 후 수십 년을 경과하니 북쪽 벽면이 퇴락하여 고민 중에 있었다. 1916년 노블 감리사께서 선교회 재정으로 예배당 북쪽을 수축하였다"

《조선감리교회약사》, 1935)

교회가 건축된 지 약 20년이 지나자 예배당 북쪽 편(이화학당 쪽) 외벽의 퇴락으로 첫 보수작업을 한다. 이 보수 공사는 일종의 확장 공사로, 북쪽 벽면이 왼편의 익랑 길이까지(폭 3.6m, 길이 18m) 넓혀져 북쪽 벽면 전체가 일자 모양이 되었다. 노블 감리사가 선교회 재정으로 공사비를 충당한 것으로 보아, 1917년 미국 감리교 해외선교부 설치 100주년을 앞두고 세계적으로 전개하던 '백주년 기념 전도 운동'의 일환으로 진행되었을 것이다. 1916년 당시는 손정도 목사가 담임목사로 목회한 지 1년이 된 해로 교인 수가 크게 증가했다. 통계 자료에 따르면 1916년 정동제일교회 교인 수는 주일학교 학생 820명을 포함해 총 2,770명으로 당시 최대 교회였다. 예배당 증축과 함께 가져온 큰 변화는 예배당 안에 남녀의 자리를 갈라놓았던 2m 높이의 칸막이가 휘장으로 바뀐 뒤 곧이어 모두 철거되었다. 또한, 그동안 마루로 넓게 트여있던 회중석에 의자를 놓았고, 강대가 있는 제단 부분을 조금 높여 구분했다.

1918년 한국 최초의 파이프오르간 설치

1918년 이필주 목사가 정동제일교회에 부임한 지 얼마 되지 않아 한국 최초의 파이프오르간이 설치된다. 이는 이화학당 출신으로 미국 유학하여 1906년 우리나라 여성 최초로 오하이오 웨슬리대학에서 문학사 학위를 취득한 하란사가 주도한다. 그녀는 유학 후 이화학당에 대학과가 신설될 때 유일한 한국인 교수로 참여한다. 하란사는 1916년 미감리회 총회에 한국 감리교회 평신도 대표로 참석 후 미주 지역 순회 강연을 통해 재미 교포들의 후원금만으로 파이프오르간을 마련한다. 아펜젤러 선교사의 아들

파이프오르간 설치 후 여성교우들(1918)

파이프오르간 뒤편 공간(2010)

헨리 닷지 아펜젤러와 노블 선교사의 딸 루스 노블의 결혼식이 1918년 9월 4일 정동제일교회 파이프오르간의 연주 속에 치러졌다. 당시 동양에서 3대 밖에 없었던 파이프오르간과 더불어 배재학당과 이화학당 교사와 학생들로 구성된 성가대로 벧엘예배당은 우리나라 현대 음악의 요람 역할을 감당한다. 벧엘예배당의 파이프오르간은 예배와 문화 사역 뿐만 아니라 독립운동에도 큰 공을 세운다. 3.1운동 당시 전국 각지에서 전개되는 만세운동의 소식을 담은《독립신문》이 파이프오르간 송풍구 뒤편 공간에서 비밀리에 제작된다. 이렇게 목회와 문화 사역 그리고 독립운동의 좋은 도구로 사용된 파이프오르간은 6.25 전쟁 때 폭격으로 역사 속으로 사라진다. 그로부터 반세기가 지난 2003년에 다시 복원된다.

1926년 2차 예배당 증축

1897년에 500명을 수용할 수 있는 구조로 신축된 예배당은, 1920년대에 들어서면서 1,000명에 이르는 교인 수 증가와 건물의 노후 문제로 교회당 수리와 증축이 당면 과제가 된다. 30년 전 새로 지을 때 기초를 충분히 다지지 않아 약했고, 시간이 흐르면서 종각과 남쪽 벽도 기울어져 위험했다. 또한 배재학당과 이화학당에는 전교생을 수용할 만한 강당이 없었기 때문에 정동교회에서 입학식과 졸업식을 개최하였다. 그런데 두 학교의 학생 수

2차 증축된 벧엘예배당(1926)

가 늘어남에 따라 정동교회당이 이를 다 수용할 수 없게 된다. 그리고 서울의 주요 기독교 집회가 대부분 정동제일교회에서 개최되고 있었다. 특히 1927년 가을 1천여 명의 대표가 참석하는 감리교 동부아시아 중앙위원회가 서울에서 개최되는 이유 등으로 교회당 증축을 미룰 수 없었다. 1923년 예배당 증축위원회가 조직되고, 지방회의 지원 요청과 더불어 1924년 2주간 특별기도회를 통하여 6천 원의 건축헌금을 모은다. 1926년 여름 건축사 이명원을 통해 보수 증축 공사를 시행한다. 이때 1차 증축으로 북쪽 벽면을 익랑까지 확장한 것 같이 남쪽 벽면도 익랑까지 넓혀 일자형을 만들고, 동쪽으로도 3m 넓혀서 도합 60평을 증축한다.

왜 조선 교회는 두 개의 문을 만들었는가?

1, 2차 증축을 통해 라틴 모양의 평면은 완전히 사라지고 장방형으로 바뀌었다. 공간은 500명에서 최대 1,500명을 수용할 수 있는 공간으로 확장된다. 또한 이 과정에서 제단 부분도 확장하여 성찬대 영역을 넓혔고, 회중석과 같은 높이였던 강단도 높였다. 그리고 양쪽 벽면을 각 3m씩 확장하면서 지붕 무게를 지탱하기 위해 예배당 내부에 나무 기둥을 세웠는데, 이 나무 기둥으로 내부가 삼랑식 고딕 양식의 익랑처럼 되었다.

1935년 감리교 선교 50주년 기념 행사와 뻰엘예배당

조선감리회는 1884년 매클레이의 방문과 1885년 아펜젤러가 한국에 첫발을 내디딘 지 50년이 된 것을 기념하여 여러 행사를 진행한다. 50주년 기념위원회는 1934년 11월 16일 결의를 통해, 50주년 기념탑 제작과 정동교회에서의 축하식, 감리교회 역사극 및 사역 전람회 등을 거행하기로 한다. 1936년 4월 12일 정동교회 마당에서 '감리교회 조선 선교 50주년 기념비' 제막식이 있었다. 화강암으로 된 2단 받침대 위에 오벨리스크 첨탑 모양의 검은색 기념비석은 최고 품질의 충남 보령의 남포오석이 사용되었다. 이 비석에는 '한국 감리교 선교 약사'가 국한문과 영문으로 새겨져 있는데, 전면의 한문은 당대 서예가 김돈희가 예서체 한문으로 썼고, 우측 영문은 주일학교 운동가 한석원 목사가 썼다. 기념비의 총제작비 700원은 조선 감리교인의 헌금으로 충당되었다. 행

아펜젤러 기념석판   최병헌 기념석판

사에는 한반도와 만주에 있는 23개 지방 감리사가 참석하였고, 양주삼 총리사의 사회와 백낙준 박사의 축사 등이 있었다. 감리 교단의 50주년 기념사업과 별도로, 정동제일교회는 김종우 감리 사 부임과 함께 5가지 독자적인 기념사업도 계획한다. 감리교 모 교회로서 교회 개척에 노력할 것, 교회 정문 신축, 아펜젤러와 최 병헌 기념비 건립, 교회 후면을 1,500원 예산으로 신축하고 교회 근처 기지를 매입할 것 등이다. 이에 따라 백화선 여사가 기부한 500원으로 정문이 신축되고, 1935년 4월 20일 부활주일에는 아 펜젤러와 최병헌의 공적을 기리는 비석판이 예배당 안벽 2차 증 축 시 확장된 동쪽 벽면에 설치된다. 두 목사를 기리는 송덕비는

왜 조선 교회는 두 개의 문을 만들었는가?

같은 모양으로, 네 모퉁이에 태극 문양이 있고, 석판 중심을 지나도록 가로와 세로의 큰 십자가 모양을 넣고 두 분의 양력과 공적을 각각 한문 시구로 적었다.

벧엘예배당의 빛과 그림자

6.25 전쟁과 벧엘예배당의 파괴

6.25 전쟁이 발발하고 9.28 서울 수복 때까지 서울의 많은 교회당이 폐쇄되고 인민군의 사무실로 징집된다. 상동교회와 영락교회당은 의용군 소집 장소로, 수표교교회당은 민청실로, 승동교회당은 인민군 군량 창고 및 종교인 북송을 위한 이주 센터로, 남대문교회는 인민군 군마 마굿간으로, 안동교회는 시체 수용소 등으로 사용된다. 그런 와중에도 정동교회 벧엘예배당은 주변 학교들이 많은 관계로 인민군에 징발되지 않았고, 강단 양쪽 벽면에 김일성과 스탈린의 사진을 걸어놓고 예배를 드릴 수는 있었다. 그러나 1.4 후퇴와 서울이 재탈환되는 시기에 벧엘예배당은 폭격으로 강단이 있는 서쪽이 파괴되었고, 이때 파이프오르간도 파손되었다. 1.4 후퇴 이후 부산에 있던 곽만영 전도사가 7월 15일 화물차 편으로 서울에 도착하여 당시 폭격으로 무너진 정동교회 상황을 다음과 같이 회상했다.

"쑥과 망태가 내 키를 넘게 자라 있었다. 마구 헤치면서 교회당
에 들어갔다. 기가 막혔다. 나는 털썩 주저앉았다. 주님의 섭리
를 더욱 헤아리기 힘들었다. 강단이 폭격을 맞아 폭삭 무너져
내려앉고, 파이프오르간이 망가져 있었다. 파이프가 휘어지고
부서져 파편이 여기저기 널려 있었다. 교회는 절반이 파괴되고
목사관도 날아가고 없었다. 처참한 정경이었다."

(《정동제일교회 125년사》, 461쪽)

곽 전도사는 1952년 7월 18일 예배를 드리기 위해 종각에
올라 종을 치자 11명의 성도가 모였다. 교인들은 합심하여 풀을
뽑고 교회당 한쪽을 치운 다음 예배를 드렸다. 예배를 드린 후 곽
전도사는 부산에 있는 김인영 목사에게 편지로 상황을 알렸고,
파이프오르간은 45만 환을 받고 고철로 팔았다. 이후 파괴된 제
단 부분을 판자로 막고, 지금의 주차장 쪽에 임시 제단을 설치하
고 예배를 드린다. 주일학교는 이화학당 프라이 홀을 사용했다.
갑작스럽게 소천한 김인영 목사를 뒤이어 새로 부임한 장석영 목
사를 중심으로 1953년 11월 8일 "정동교회당 부흥위원회"가 구
성된다. 교인들의 헌금 528,830원과 총리원 보조금 70만 원 등
총 1,225,000원의 수리비로 12월 3일부터 약 3주간 긴급 복구
공사를 완료했다. 그해 12월 23일에는 거의 옛 모습으로 복원된
예배당에서 성탄축하예배를 드렸다.

왜 조선 교회는 두 개의 문을 만들었는가?

폭격으로 파괴된 벧엘예배당(1951)

벧엘예배당의 국가 문화재 지정

정동제일교회는 1953년 말에 벧엘예배당을 복구한 후 새로운 예배당을 건축하기 위해 지속적으로 노력한다. 1958년 박장현 담임목사 시절 '선교 75주년 기념 예배당 건축계획'이 수립되었으나 진전이 없었다. 1963년 부임한 김광우 목사는 '선교 80주년 기념예배당 건축계획'을 수립하고 활발한 모금 운동과 함께, 1968년 기공식까지 진행했지만 이후 공사가 이뤄지지 못했다. 1972년 8월 17일에는 '기독교대한감리회 선교 100주년 기념사업 정동제일예배당 건립기성회' 창립총회가 있었고, 은준관 목사는 1976년 7월 22일 정기총회를 통해 본격적인 건축을 추진하게 되었다. 가장 큰 문제인 기존 예배당을 허물고 새로 짓는 것과 다른 부지에 신축하는 방안을 놓고 고민하다가 전자로 결정한다. 그러나 100주년 기념 예배당 건축을 결정하고 추진하던 중 감리교 감독 선거를 둘러싸고 교단이 둘로 갈라지는 바람에 어느 쪽에도 속하지 않고 중립을 표명한 정동제일교회는 건축이 지연될 수밖에 없었다. 이렇게 예배당 건축이 지연되면서 공사 빚이 2억 원으로 늘어났고, 한편으로는 1977년 3월 문화공보부 산하 문화재관리위원회로부터 한국 개신교 건물 중 처음으로 "정동교회당을 문화재로 지정한다"라는 결정 사항이 통보된다. 오늘날 정동제일교회는 감리교단 내부의 4차 분열과 갈등으로 공사가 지연된 것이 벧엘예배당을 지키는 결과로 연결된 것을 하나님의 섭리로 받아들인다.

당시 예배당 신축을 추진하던 은준관 목사의 재미난 에피소드가 하나 더 있다.

"그때 한참 이 예배당을 헐어야 하느냐 아니면 헐지 않아야 하느냐 하는 교회의 여론이 반반이었다. 그런데 어느 경상도 목사님이라는 분이 새벽 예배 때 찾아오더니 "목사님 계시를 받았는데, 하나님이 이 교회 건물을 헐지 말아야 한다고 하셨다고 한다."……그런데 그 일을 전후로 해서 최재유 장로님이 목회실로 다녀가시면서 한 말씀을 하셨다. "목사님, 배재학교에서 일어난 일을 기억하십니까?" 하고 물으셨다. "아니오, 잘 모릅니다" 하니 "아펜젤러 선교사 아들이 교장이 됐는데 그 문화재감을 아들 교장이 헐었다고 합니다. 그 건물이 헐리는 바람에 물론 다른 새 건물이 들어섰지만 두고두고 아펜젤러 아들이 욕을 먹습니다"라고 했다. 그리고는 그냥 가셨다. 그 애기는 이 문화재예배당을 헐면 목사 욕먹으니 알아서 하라는 소리였다.…… 건물을 헐면 반대가 나오고 헐지 않으면 건축이 안 나오고 해서 어느 쪽도 손을 들 수 없었다. 그런데 문화공보부에서 공문이 내려왔는데 그 내용은 이 건물을 문화재로 지정했다는 것이다. 문화공보부가 나 살려준 것이다.……"

('은준관 목사의 회고', 《정동제일교회 문화재예배당 수리보고서》, 65쪽)

1977년 100주년 기념예배당 건축이 당초 벧엘예배당에서 옆 부지로 변경되고 그해 11월 기공 예배에 참석한 백낙준 박사는 축사를 통해 "정동의 저력은 아름다운 문화재 예배당을 그대로 보존한 것으로, 이는 역사에 길이 남을 것이다"라고 했다. 1970년대 양적인 급성장을 배경으로 많은 한국의 역사 교회가 선교사적 의미가 담긴 옛 예배당을 헐고 현대식 콘크리트 건물을 지을 때 정동제일교회 벧엘예배당이 보존된 것은 하나님의 섭리이고, 한국 교회사에 길이 남는 한 편의 드라마이기도 하다.

선교 100주년 기념예배당의 건축

1977년 3월 정동교회당이 국가 문화재로 지정되자 기존의 예배당 건축 계획을 변경하지 않을 수 없었다. 벧엘예배당 옆에 교육관으로 사용하고 있던 젠센기념관을 철거하고 그 대지를 새 예배당 건립 기지에 편입하기로 한다. 신축 예배당 본당 평수를 350평(1,500명 수용), 연건평 1,100평으로 하여, 건축 공사비 약 5억 9천만 원이 들었다. 1977년 11월 6일 착공한 공사는 1년 6개월 후 1979년 4월 초에 준공하고 4월 15일 부활주일에 봉헌예배를 드

1979년 4월 15일 봉헌 된 정동제일교회 백주년 기념예배당

백주년기념교회 기공식(1977)

렸다. 새로 건축한 100주년 기념 예배당은 두 가지 특징이 있다. 첫째, 문화재로 지정된 벧엘예배당과 조화를 이루면서도 현대화된 기능적 건물이다. 둘째, 교인들이 앉아있는 회중석과 단상 간의 원심거리를 같게 함으로써 회중 속에 있는 제단, 곧 성聖과 속俗 사이의 거리를 없앤 점이다. 이런 이유로 100주년 기념 예배당은 1979년 건축가협회 건축대상을 수상한다.

백주년기념교회 내부

1987년 문화재예배당 화재

벧엘예배당이 한국개신교 최초의 고딕식 예배당으로 국가 문화재로 지정된 지 꼭 10년이 되는 해에 화재가 발생해서 큰 피해를 입었다. 1987년은 연초부터 박종철 고문치사 사건으로 시작하여 6.10 항쟁까지 민주화 열기가 뜨거운 가운데 전두환 군사정권의 제5공화국이 막을 내리던 시기였다. 그해 이른 봄인 3월 8일 주일 오후 3시 10분경, 교회 학교 교사들의 헌신예배가 드려지고 있었다. 예배가 끝날 무렵 성가대석 쪽에서 갑자기 불이 났다. 화재 원인은 방화로 추정되었지만, 정부 당국은 전기 누전에 의한 자연발화로 결론지었다. 화재 현장에 노신영 국무총리까지 나와 소방활동을 보고받을 만큼 사회의 관심도 컸다. 3월 25일에는 문화재예배당 화재 복구를 위한 특별 기도회가 열렸다. 정동제일교회는 벧엘예배당 건립 90주년이며, 문화재예배당으로 지정된 지 10년이 되는 해에 화재가 난 것을 물리적인 사건으로만 보지 않고 하나님의 메시지를 듣는 기회로 받아들였다. 화재가 발생한 다음 주일인 3월 15일 예배에서는 '정동제일교회 문화재예배당 화재로 인한 참회와 결단의 공동 기도문'을 작성하고 함께 낭독한다. 문화재예배당은 공동체의 신앙과 시대적 사명을 성찰하는 계기가 되었고, 복구수습대책위원회가 중심이 되어 1,700만 원(보험금 약 1천 만 원 포함)을 들여 5월 말까지 수리를 완료한다. 하지만 당시 화재로 인한 예배당 복구는 문화재예배당 전체의 복

벧엘예배당 화재 후 내부모습(1987)

벧엘예배당 화재 후 외관(1987)

원 전략과 심도 있는 고증을 통해 이뤄지기보다 화재로 피해를 입은 부분을 복구하는 정도에서 진행된다. 이후 2005년 장로수련회에서는 당시 정동교회가 시대 변화와 민주화 요구 등에 부응하지 못한 관점에서 화재 사건에 대한 회고와 반성이 있었다.

> "정동교회는 개신교의 모교회라는 명예로운 칭호도 얻게 되었을 뿐 아니라, 서울 시내의 한복판 가장 좋은 위치를 차지하고, 아름다운 예배당과 편리한 시설을 소유하는 특권을 누리게 되었습니다. 그러나 거기서 안주하다 보니 산업화가 진척된 이후 민주화의 욕구가 분출하는 시대 변화에 따라가지 못하여 사명감 없는 늙은 교회로 전락하게 되었습니다. (중략) 역사의 중심축에서 여호와 하나님의 충실한 도구로 쓰임받던 정동이 무사안일한 방관자로 물러서게 되었고, 세상의 이목으로부터 서서히 멀어지게 되었습니다."
>
> 《정동제일교회 125년사》, 605쪽)

벧엘예배당 건립 100주년 기념행사

1990년에 '문화재예배당 건축 100주년 기념위원회'가 구성되고, 1996년부터 본격적인 활동에 들어간다. 1997년 정동교회 벧엘예배당 건립 100주년을 맞이하여 '문화재예배당 건축 100주년 기념위원회'를 중심으로 전년도에 정한 여러 가지 기념사업이

왜 조선 교회는 두 개의 문을 만들었는가?

진행된다. 또한 4월 13일 세부 계획을 통하여 6.25 전쟁 시 파괴된 파이프오르간의 재건 가능성을 연구하는 것과 아펜젤러 목사 서간집 발행 사업이 추가된다. 진행된 주요 기념사업은 정동예배당 100주년 기념 화보집 발간, 문화재예배당 소개 책자 발간 그리고 그해 10월 12일 교회 창립 기념일에 문화재예배당 100주년 기념예배에 앞서 최병헌 목사의 흉상제막식을 가졌다. 이로써 벧엘예배당 정원에는 1935년에 세워진 감리교 선교 50주년 기념비를 중앙에 두고 좌우에 나란히 아펜젤러와 최병헌을 기념하는 흉상이 세워졌다. 벧엘예배당 건립 100주년 기념 사업 이후 정동제일교회는 정동 산책의 랜드마크는 물론 한국 교회의 주요 성지 순례지가 된다. 기념위원회는 다음과 같은 추후 과제를 정한다.

- 정동예배당의 수리는 정부의 예산 지원과 교회의 예산 지원에 의해서 아름답게 복원할 것
- 정동예배당의 박물관 조성 및 유품 전시는 충분한 논의를 거쳐 진행할 것이며, 정동교회는 한국 교회의 역사와 문화를 만들어내는 요람으로서의 교육 현장의 기능을 감당할 것.
- 불교가 민족문화 속에서 건축에 기여하였다면 기독교는 음악에 기여하였다. 기독교 문화의 전통을 살린다는 차원에서 국내 최초의 파이프오르간이었던 정동예배당의 파이프오르간 재건을 위한 연구를 시작할 것

벧엘예배당 전면 보수 마루공사(2001)

벧엘예배당 전면보수 외벽 선택(2001)

- 아펜젤러·최병헌·현순·손정도 등 정동교회를 거쳐간 목사님들의 신학 사상 연구를 지원할 것, 특히 하란사 선생에 대한 연구를 여선교회의 사업으로 할 것.
- 평양 정동제일교회의 건립을 위한 논의를 시작할 것.

《정동제일교회 문화재예배당 수리보고서》, 72쪽)

벧엘예배당의 전면보수와 재봉헌

벧엘예배당의 복원 사업은 2000년 들어서 교회 안팎의 뜨거운 논의와 내홍을 거쳐 현실화된다. 지난 100년간 수차례 증축과 보수를 하는 동안 건물의 노후 현상이 심해져 전면 수리와 복원이 필요한 상황이었다. 복원 사업을 두고 논의가 가열되는 중 2000년 7월 문화재 당국에서 "본 건물의 30%를 보존하는 선에서 해체·복원해도 된다"며 정부 예산에서 수리비 일부를 지원하기로 했다. 그러나 명목상의 소유자인 감리교 유지재단에서 "완전 해체·복원은 불가능하다", "50%는 그대로 두어야 한다" 등으로 긴 논쟁을 벌였다. 완전 해체 및 원형을 복원하는 공사는 2001년 3월 25일에 시작되어, 2002년 3월 31일 부활절에 재봉헌예배로 완료된다.

여러 이견이 충돌했던 외벽의 해체 및 교체 비율은 48%였고, 지붕 외벽과 마루를 새롭게 단장했으며, 현대식 냉난방 시설과 전기·방송 시설 등을 갖춘다. 벽돌 색상을 전교인 대상 투표로 결정했고, 벽돌은 하나씩 떼어 검사 후 교체를 결정한다. 당시 공사에서 종탑 부분을 대폭 보강하여 사용이 중단된 경세종을 다시 매달았다. 재봉헌에 앞서 2001년 12월 13일 보수 공사 중인 벧엘 예배당에 타임캡슐 봉안예배를 드린다. 내용물은 성경책, 담임목사 기도문, 교인명부 그리고 시대를 반영하는 여러 화폐와 일간신문 1종, 건물 도면 등을 함께 넣었다. 보수공사는 정부보조금 8억 5,600만 원을 비롯해서 총 19억 원이 들었다. 특히 2003년 10월 12일, 이종덕 권사의 후손들이 3억 5천만 원을 헌금하여 파이프오르간이 다시 복원 설치된다. 독일 플로이겔즈Vleugels 회사가 폭 5m 80cm, 높이 5m 총 1천 개의 파이프 설치 작업을 담당한다.

다시 찾는 벧엘예배당

정동제일교회 벧엘에배당은 19세기에 건축되고 현존하는 유일한 양식 개신교회당이다. 국내 최초의 국가 지정 문화재 예배당이기도 하다. 벧엘예배당의 유일성唯一性과 최고성最古性은 시간이 지날수록 그 가치를 더 할 것이 분명하다.

벧엘예배당의 가치는 이웃한 한국 장로회 모교회의 여섯 번째 신축 대예배당과 비교할 수 없다. 벧엘예배당은 오늘날 한국

교회 예배당 건축과 공간 활용을 위한 거울이다. 두 번에 걸친 벧엘예배당의 증축과 4차례의 복구 및 전면 보수 등은 예배당 건축이 일회적 사건이 아니라 끊임없이 지어지는 과정임을 보여준다. 벧엘예배당의 국가 문화재 지정으로 시작된 한국 기독교 근대 유산에 대한 사회적 관심은, 한국 기독교의 역사가 이제 서구의 역사가 아니라 우리 역사의 한 부분이 되었음을 말한다. 한국 교회가 사회와의 소통에 능동적으로 임해야 하는 이유이다. 남녀유별의 시대 문화를 수용하여 예배당 남녀 출입문 분리와 가림막 설치, 예배 처소이면서 결혼식과 음악회 연극 공연 등 문화 공연장, 교육과 민족운동의 장 등 123년 예배당 역사는 그대로 통전적 선교의 역사이다. 벧엘예배당의 역사가 전하는 신학적 메시지는 '본질에는 일치를, 비본질에는 관용을, 모든 일에는 사랑을'이라는 아디아포라adiaphora 정신이다. 자진 철거 위기가 문화재 지정으로 보존되는 과정은 하나님의 섭리이고 신앙의 신비 외에 달리 설명할 수 없다. 100년을 조화하는 새 예배당 건축의 출발점에서 백낙준 박사가 이를 확인해준다.

"정동의 저력은 아름다운 문화재 예배당을 그대로 보존한 것으로, 이는 역사에 길이 남을 것이다."

남녀를 구분한 두 개의 문은 더 이상 남녀를 구분하지 않는다. 오늘 두 개의 문은 분주한 일상과 성찰의 시간을 구분한다. 좌우 공간 구분으로 남녀를 구별하던 문이, 오늘은 과거를 회상하고 미래를 전망하는 문이 된다. 오늘날 한국 교회가 예배당의 규모와 효율성 경쟁 속에서 역사의 터무니마저 지워버림으로써 과거를 기억하지 못하는 기억상실증과 정체성 분열 현상이 심화되는 상황에서, 이를 치유하는 기억의 터로서 벧엘예배당의 가치는 더욱 빛난다. 한국 근대사와 한국 기독교사를 고스란히 간직한 벧엘예배당은 오늘의 교회와 사회를 함께 성찰하는 공간이다. 서울과 한반도의 살아있는 중심 정동, 정동길 랜드마크는 여전히 벧엘예배당이다. 21세기 벧엘예배당 두 개의 문을 열면 시간의 터무니를 만날 수 있다. 100년을 거슬러 우리의 과거를 만나게 한다. 두 개의 문으로 들어서는 순례자에게 일상의 분주함을 멈추고 오늘을 성찰하게 한다.

2016년 정동야행 포스터

3.1운동 100주년 한국교회 기념예배

(출처: 연합뉴스 2019년 3월 1일자)

3.1운동 100주년 한국교회 기념예배

(출처: 국민일보 2019년 3월 1일자)

3

양림장로교회 오웬기념각

양림동

대한의 봄을 품다

양림동의 지문地文

동으로 나지막이 광주천을 내려다보며 멀리 무등산을 마주한 양림산 자락은 풍광이 뛰어난 곳이다. 언덕 아래 광주천은 물이 깊지 않아 돌다리를 놓아 쉽게 건너편으로 오고 갈 수 있었다. 평퍼짐하게 너른 개천의 양쪽은 빨래터와 시장 그리고 가난한 이들이 자활을 꿈꾸는 곳이었다. 여름철에는 물고기를 잡으며 더위를 식히는 휴식의 공간이기도 했다. '양림'이란 지명은 '버드나무 마을'을 뜻하는 양촌楊村과 유림柳林이 합쳐 유래되었다. 양림동은 서울 한강변의 버들나루터 양화진楊花津과 비슷한 터무니地文을 가졌다. 양화진은 봄이면 버들강아지가 만발하여 양화楊花라 불렀다. 병인박해(1866)때 천주교 신자 수십 명이 참수되어 절

두산截頭山이라 불린 봉우리는 원래 누에머리를 닮아 '덜머리加乙頭' 또는 '잠두봉蠶頭峰' 혹은 '용두봉龍頭峰'이라 했다. 기억할 사건이 많다 보니 지세地勢보다 땅의 생태生態와 역사적 터무니가 지명에 투영된 것이다. 양림동楊林洞은 양림산에서 광주천에 이르는 언덕에 버드나무가 많아서 붙여졌지만, 바로 옆 사직산과 같이 광주천으로 산 능선이 뻗어나간 '버드름'의 모양새에서 유래했다고도 한다. 지세와 생태에 역사적 터무니가 얹혔다. 양화진은 서울로 드나드는 교통의 요지로 나루터 주변에 장이 섰다. 한양도성 밖 십오 리 거리지만 한성부 성저십리 관할 지역에 속했고, 특히 한강을 끼고 경치가 좋아 풍류객들이 즐겨 찾는 곳이었다. 양림동에서 광주읍성 남문과 서문까지는 불과 십 리가 안 된다. 서울의 길목으로 군영과 나루터가 있던 양화진은 근대의 바람이 불면서 병인박해, 김옥균 효수梟首, 외국인선교사 묘지 등 일상과 거리를 두면서 부활을 대망하는 기억의 터가 된다. 한편 어린아이를 장사하던 양림동의 버려진 언덕은 근대화와 복음의 바람으로 새로운 역사의 진원지로 바뀐다.

빛 고을 광주는 넓은 평야와 강을 가진 풍요의 고장이기에 역설적으로 수탈과 저항의 터무니가 쌓인 곳이기도 하다. 조선시대 지방 관리들의 횡포에 여러 차례 저항 운동이 있었던 광주는 19세기 동학운동에 이은 의병운동, 일제강점기 3.1운동과 광

1905년 광주천변 양림동 마을(위쪽) /
1917년 광주천변 시장(아래 왼쪽) / 1949년 광주천(아래 오른쪽)

주학생운동 그리고 5.18 광주민주화운동까지 저항Protest의 역사를 지녔다. 나주지역이 수구 보수로서의 저항이라면, 목포와 광주는 낡은 옷을 새 옷으로 갈아입는 진보로서의 저항이 작용한다. 광주천에서 극락강과 영산강을 따라 목포로 이어지는 뱃길은 일제 수탈의 길이다. 역으로 목포에서 영산강을 따라 광주천에 이르는 물길은 개화와 복음을 실어 나르는 프로테스탄트Protestant의 길이 된다. 죽은 자의 땅은 산자의 터전으로 변화된다. 내일의 꿈을 가득 품고 거센 강물을 거슬러 오르는 연어처럼 복음을 품은 서양인들이 이 강을 오른다. 삶을 수탈하던 물길을 가로질러 양림동 언덕에 올라 근대의 꿈을 싹틔운다.

삼한시대 광주는 마한馬韓의 땅이었고, 삼국시대에는 백제百濟 3주의 하나인 무진주武珍州로, 통일신라시대에는 9주도독九州都督의 하나인 무주武州로 불렸다. 광주光州라는 지명은 고려 초에 붙여진다. 후백제의 저항을 평정하고 고려를 건국한 태조 왕건이 군현郡縣 제도를 정비할 때 당나라 하남성 광주를 모방해서 개칭했다. 조선시대에 광주는 줄곧 나주에 딸린 작은 군현이었다. 고종 33년(1896년) 전국을 13도제道制로 개정할 때 전라남도의 도청 소재지가 나주에서 광주로 이전된다. 이때부터 광주는 신도시로 발전하며 전남지역 행정의 중심이자 개화의 고장으로 발돋움한다. 조선시대 양림동은 광주읍성 서남쪽에 위치한 한적한 시골로, 광주목 부동방면不動坊面에 속했고, 강번·뒷동산·흙 구뎅이 마을이 있었다. 1914년 일제의 행정개편에 따라 양림리楊林里가 되어 광주군 효천면孝泉面에 편입되었다.

저세상 길목에서 하나님 나라 길목으로

19세기 개화기 광주읍성 서편에 자리한 양림산은 나무가 거의 없는 민둥산으로 부랑자들이나 아이들이 죽으면 풍장을 지내던 암울한 무덤 자리였다. 옛날에 10세 미만의 아이가 죽으면 정식 장례 없이 애장터 돌무더기에 묻거나 나무에 메달아 풍장風葬을 하는 것이 일반적 관례였다. 풍장은 나무에 걸어둔다고 하여 수장樹葬이라 하며, 시신이 썩으면 뼈를 수습해 다시 매장한다고 해서 재장再葬이라고도 한다. 풍장으로 재장하는 것은 경제적 이유 때문이 아니라 우리 고유의 장례 방식이었다. 전통 사회에서는 동서양을 막론하고 일상생활 공간과 무덤을 한 공간에 두었다. 우리나라에서는 주로 산 아래 냇가에 마을을 만들고 그 뒷산 언덕에 무덤을 두었다. 죽음으로 삶이 끝나는 것이 아니라 또 다른 관계로 이어져간다고 생각했다. 소나 말에 관을 싣고 동쪽 언덕 위 무덤 자리에 장사를 지낸다. 광주·전남이 속한 마한에서는 소나 말을 천상·지상·지하 세계를 왕래하는 동물이라 믿었다. 북방 민족 고구려는 무덤 자리를 동쪽에 썼다. 백제의 상장례도 고

양림동 선교 부지 초기 전경

구려와 같다. 아침에 떠오르는 태양처럼 부활하기를 기원한 것
이다. 언덕 위에 무덤 자리를 잡았다. 언덕은 저세상으로 가는 길
목이다. 먼저 나무에 걸어두었다가 살이 썩으면 뼈를 수습해서
매장한다. 영혼은 뼈 속에 있다고 믿었다. 뼈는 조상의 근간이기
에 뼈가 있어야 자손이 번성한다. 그러나 안정된 무덤도 아닌 풍
장터를 즐겨찾기는 어렵다. 광주 사람들이 드나들기를 꺼려하는
풍장터가 선교사들 눈에는 복음을 위해 준비된 땅으로 보였다.
1904년 3월 유진 벨과 오웬이 광주 지역을 답사하고 김윤수를
통해 이 언덕을 적은 비용으로 선교 부지로 매입한다.

선교부 쪽에서 바라본 양림동(1912년)

양림동 선교부 전경(1914년)

1904년 성탄절에 유진 벨 선교사를 비롯한 미국 남장로회 선교사들이 양림동 동쪽 언덕(지금의 사직도서관 부근)에 임시 사택을 짓고 첫 예배를 드림으로 광주 선교가 시작된다. 죽은 자들이 저세상으로 가는 길목에서 하나님 나라로 가는 길목으로 전환되는 순간이다. 서울과 비교하면 정동과 양화진의 장소성을 함께 지닌 곳이 양림동이다. 20세기 초 양림동 언덕은 정동과 같이 병원, 학교, 교회로 이어지는 삼각 선교 체제가 갖추어지면서 근대화와 선교의 중심지가 된다. 더불어 한강변 양화진에 선교사 묘지가 조성된 것 같이, 양림동 언덕 위에는 정동선교부에 없는 선교사들의 묘지까지 함께 조성된다. 성문 밖 풍장터가 부활을 대망하는 감람산으로 바뀐다. 정동 선교부가 전환기적 진공을 이용해 중심부로 파고든 구심력의 공간이었다면, 양림동 선교부는 모두가 꺼려하는 주변부의 진공을 이용한 원심력의 공간이었다.

선교사들 양림동 언덕에 양림교회·광주제중원(현 광주기독병원)·숭일학교·수피아여학교·오웬기념각 등을 차례로 짓는다. 미국 선교부의 3대 전략 사업인 병원·학교·교회가 양림동 언덕에서는 교회, 병원, 학교 순서로 세워진다. 이로써 광주 사람들은 난생처음 근대를 마주한다. 저세상으로 가는 길목이 근대사회로 가는 길목으로 거듭난다. 광주 사람들은 몸을 치료받고, 새로운 세상을 배우며, 영으로 하나님 나라를 경험한다. 무덤 자리를 근

1960년대 양림동 선교부 일대 항공사진

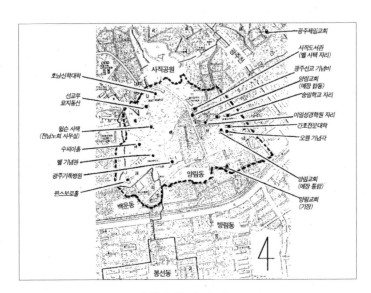

양림동 선교부지 지도

(출처: 이덕주 (1992) 《기독교사상》, 43(2), 256쪽)

대문화 발상지로 바꾼 선교사들은 양림동 언덕 맨 위에 묘역을 조성한다. 우리 조상들은 먼저 떠나는 사람이 이 세상에서 저세상으로 손쉽게 갈 수 있도록 언덕 위에 무덤을 만들었다. 선교사들도 동쪽 언덕을 근대 사회로 사는 길목으로 바꾼다. 그 옛날 양림동 언덕 위에 풍장했던 광주 어린아이처럼 선교사들도 양림동 언덕 위에 있다. 양림동 언덕 위에서 근대 사회로 들어간다.

양림동 사람들

사랑의 순례자

양림동을 밝힌 열두 명

양림동 청아빌라 붉은 벽에 다빈치 〈최후의 만찬〉을 패러디한 〈
최후의 만찬, 양림〉이라는 부조 작품이 있다. 예수를 중심으로 일
곱 명의 서양 사람들과 다섯 명의 한국 사람들을 보면 양림동의
역사가 보인다.

맨 왼쪽에 있는 스와인하트Swineheart는 건축기사다. 목포,광
주, 순천 등지에 최초로 서양식 건물을 지은 사람이다. 왼쪽에서
두 번째 인물 다형 김현승은 양림교회 5대 김창국 담임목사의 아
들이다. 평양에서 태어났으나 양림동에서 자라면서 주옥같은 시
어로 양림동과 그 시대를 노래했다. 세 번째가 로버트 윌슨(우일

왜 조선 교회는 두 개의 문을 만들었는가?

〈최후의 만찬, 양림〉

선), 여섯 번째 쉐핑(서서평), 일곱 번째 클레멘트 오웬, 여덟 번째
포사이드, 열 번째 코팅튼 등은 의료선교사다. 오웬이 시작한 광
주제중원을 광주기독병원으로 키운 사람들이다. 쉐핑은 한센병
자 치료에 헌신한 간호사다. 우리나라에서 간호사협회를 처음으
로 조직하고, 한일장신대의 전신인 이일성경학교를 세워서 여성
교육에 앞장섰다. 네 번째 조아라 장로는 광주의 어머니로 불리
는 여성운동의 대모다. 열한 번째 정율성은 의열단원으로서 무장
독립운동에 참가한 투사다. 중국 본토에서 팔로군과 함께 일제
에 맞서 싸운다. 그 여세를 몰아 조국 광복을 이루고자 했던 중국
3대 음악가 중 한 사람이다. 마지막 정추는 차이코프스키 직계 4
대 제자 중 한 명이다. 차이코프스키 음악원 졸업 작품 〈조국교향
곡〉으로 심사위원 전원 만점을 받는다. 유례가 없는 만점이다. 교

향곡 〈1937년 9월 11일 스탈린〉을 작곡하여 스탈린에 의한 고려인 강제 이주의 슬픈 역사를 고발한다. 검은 머리의 차이코프스키라는 별명을 얻는다. 정추의 동생 정근은 KBS 어린이합창단 지휘자로 우리에게 익숙한 〈둥글게 둥글게〉, 〈텔레비전에 내가 나왔으면 정말 좋겠네〉 등을 남긴다. 양림동 사람들은 근대 음악, 근대 문학, 근대 의료, 근대 교육, 근대 사회운동으로 양림동을 말한다. 남도에 스며 있는 전통 우리 소리와 서양 선교사를 통해 전수받은 서양음악이 서로 만나 근대 한국 음악을 빚었다. 오웬, 포사이드, 쉐핑, 윌슨, 코팅튼 등은 근대 서양 의학을 양림동에 이식시킴으로써 오늘날 한국 근대 의학의 초석을 다진다. 김현승의 시어와 선교사들이 번역한 순한글 성서를 통해 한글을 재발견한다. 스와인하트의 근대 건축은 지금도 양림동을 밝히고 있다. 그렇지만 가장 근대적이고 가장 양림동스러운 사람은 유진 벨과 오방 최흥종이다.

조선 남도 개척자: 유진 벨

1885년 언더우드와 아펜젤러 두 선교사가 서울에 들어온다. 서울에 첫 교회를 세운다. 그로부터 7년 뒤 안식년을 맞은 언더우드 선교사는 테네시주 내쉬빌에서 열린 미국 해외선교 신학생연맹에서 선교사 한국 파송을 요청한다. 1892년 미국 남장로회 해

윌리엄 린턴과 샬렛 벨 결혼식

외선교부는 선교사 7인을 한국에 파송한 것을 시작으로 계속 파송한다. 7인의 선발대에 이어서 1895년 한국에 도착한 유진 벨 Eugene Bell, 1868-1925 선교사 부부는 1897년 나주로 내려간다. 유진 벨 선교사는 미국 남부 켄터키에서 태어났다. 켄터키센트럴대학교와 켄터키신학대학교에서 공부하고 유니온신학대학교에서 신학박사 학위를 취득했다.

첫 선교지인 나주에서는 양반들의 반대에 부딪혀 선교에 실패한다. 1897년 목포 개항 때를 맞춰 유달산 북쪽 기슭 양동에서 목포선교부 개척에 착수한다. 유진 벨 선교사는 양동교회, 의사 오웬 선교사는 프렌치기념병원, 스트래퍼 선교사는 정명여학교 등을 차례로 개설한다. 유진 벨 선교사는 1904년 성탄절을 기해 양림산 남동쪽 기슭에 광주선교부를 개척한다. 그는 오웬, 놀란, 그레이엄 등 선교사와 함께 북문안교회, 광주기독병원, 숭일학교, 수피아여학교 등을 시작한다. 유진 벨 선교사는 1925년 57세를 일기로 양림동에서 소천한다. 양림동 선교사 묘역에 안장한다.

1912년 조지아공대를 수석으로 졸업한 윌리엄 린턴William Linton, 1891-1960은 군산 영명학교에서 교육선교사로 첫 둥지를 튼다. 1922년 유진 벨 선교사의 딸 샬렛 벨Charlotte Bell과 결혼한다.

왜 조선 교회는 두 개의 문을 만들었는가?

유진 벨

유진 벨과 해리슨의 선교여행

1937년 일제가 강요하는 신사참배에 맞서 전주 신흥학교를 폐쇄한다. 1940년 결국 강제로 추방당한다. 광복과 함께 1946년 전주로 돌아온 윌리엄 린턴은 제일 먼저 신흥학교를 복교한다. 기전여학교 신사 터에 공중화장실을 짓는다. 신사 위에 똥통을 얹어서 보복한 것이다. 1956년에는 숙원이었던 기독대학 한남대학교를 대전에 설립한다. 1960년 소천한다. 2010년 대한민국 정부는 건국훈장 애족장을 추서한다. 린턴의 자녀들은 지금도 인도주의 차원에서 북한 사람들을 위한 지원 사업과 한국에서의 사회 사업을 이어가고 있다.

모두 버리고 떠난 사람: 오방 최흥종

오방 최흥종五放 崔興琮, 1880-1966 목사는 1880년 광주군 성내면 불로동에서 태어난다. 최학신의 둘째 아들이다. 어머니는 다섯 살 때 돌아가시고 새어머니 밑에서 자란다. 열일곱 살 때 아버지마저 돌아가시자 방황하기 시작한다. 무쇠주먹 최망치라는 별명을 얻는다. 패거리와 함께 장터를 전전하면서 무고한 사람들에게 돈을 뜯어 술을 마신다. 새어머니 공씨의 권유로 스물한 살 때인 1900년 강명환과 결혼하지만 방황은 그치지 않는다. 1904년 유진 벨 선교사 임시 사택 건설 현장에 행패를 부리러 갔다가 김윤수를 만나면서 심경에 변화가 일었다. 꼬박 엿새 동안 유진 벨 선교사가 건네준 성경을 읽고, 1904년 12월 25일 유진 벨 선교사 임시 사택에서 열린 성탄절 예배에 참석한다. 1907년 유진 벨 선교사에게 세례를 받는다.

선교사 포사이드Wiley H. Forsythe, 1873-1918 의사가 한센병자를 데리고 양림동에 도착하던 날 최흥종 인생에 일대 전환이 일어난다. 양림동에서 의료 선교를 하던 목사이자 의사 오웬Clement C. Owen, 1867-1909 선교사가 급성 폐렴에 걸린다. 목포선교부 진료소에서 환자를 돌보던 선교사 포사이드 의사가 급히 광주로 올라온다. 목포에서 배를 타고 영산포에 내린다. 영산포에서 말을 타고 광주로 향한다. 광주로부터 약 12km 떨어진 곳에서 한센병에 걸린 여인과 마주친다. 포사이드는 자기 외투를 입히고 자기 말에 태워서 광주선교부로 데리고 온다. 그날 최흥종은 윌슨Robert M. Wilson, 1880-1963 원장에게 우리말을 가르치고 집으로 가려는 순간 포사이드 의사와 마주친다. 포사이드는 한센병자를 번쩍 들어서 말에서 내린 다음 겨드랑이를 부축하고 벽돌가마 옆으로 데려가고 있었다. 그때 한센병자가 지팡이를 떨어뜨린다. 감염될까 무서워서 주저하던 최흥종이 피고름 묻은 지팡이를 집어 든다. 온몸이 뜨거워지는 것을 느낀다. 예수님 사랑은 고사하고 동포애조차 결여한 자신을 발견한다. 사울이 예수를 만난 뒤로 바울이 된 것처럼 최흥종도 최영종에서 최흥종으로 이름을 바꾼다. 완전히 새로운 삶을 살겠다고 다짐한다. 이날부터 최흥종은 평생 하나님사랑·이웃사랑·나라사랑, 삼애三愛를 실천한다.

윌슨 원장이 한센병자를 돌보고 있는 광주제중원(현 양림동 광주기독병원)에서 한센병자를 함께 돌본다. 부모로부터 물려받은 땅 1,000평을 기부한다. 1912년 11월 광주나병원을 완공한다. 독일계 미국인 간호사 쉐핑Elizabeth J. Shepping, 1880-1934이 광주 나병원에 합류한다. 양림동 사람들과 마찬가지로 무명옷을 입고 고무신을 신고 보리밥에 된장국을 먹으면서 한센병자들과 고아 그리고 여성을 돌봤다. 일제가 한글을 말살하려고 혈안이 되었을 때 영어와 한글을 병기하던 간호회지를 한글 전용으로 바꿨다.

조선간호부회 회칙에도 한국어를 공용어로 못박았다. 조선독립을 기도했고 확신했으며 가르쳤다. 조선과 결혼했으니 오직 조선만을 섬길 뿐이었다. 원인을 알 수 없는 병을 얻어 1934년 저세상으로 가면서 두 가지를 유산으로 남겼다. 두 홉의 밀가루와 해부용으로 기증한 시신. 광주시 최초로 시민장을 치렀다. 광주사람들은 최흥종을 나환자의 아버지라 부르고 쉐핑을 나환자의 어머니라 부른다.

최흥종에게 기독교 신앙과 나라 사랑은 둘이 아니다. 광주 3.1 만세운동 거사일을 1919년 3월 10일 오후 2시로 정한 최흥종은 3.1 운동에 참여하기 위해 상경한다. 파고다 공원에서 일경에 체포되어 3년형을 받고 1920년 출소한다. 1921년 평양신학교를 졸업한 최흥종은 광주 북문밖교회 담임목사로 부임한다. 1923년 3월부터 1924년 6월까지 시베리아에서 선교사로 활동한다. 이때 안중근 의사의 어머니 조마리아 여사에게 세례를 베푼다. 1932년 구라협회求癩協會를 조직한 최흥종은 광주에서 한센병 환자 150명과 함께 11일 동안 걸어서 경성으로 간다. '구라대행진' 도중 한센병자와 걸인은 500명으로 불어난다. 한센병자들이 조선총독부에 도착하자 전염을 두려워한 일경들이 피한다. 최흥종과 쉐핑은 조선총독 우가끼 가즈시게와 면담한다. 한센병자 치료 및 요양 시설 자혜원 확충을 요청한다. 소록도에 살고 있

왜 조선 교회는 두 개의 문을 만들었는가?

1912년 11월 봉선리에 준공한 한센환자 숙소

는 일반인을 이주시키고 섬 전체를 한센병자 갱생시설로 만들어
줄 것을 요청한다. 우가끼 총독은 특별열차를 운행해서 한센병자
귀환을 돕는다. 소록도에 나병환자 수용시설을 대폭 확충한다.

1934년 한센병자를 돌보던 쉐핑이 유명을 달리한다. 1935
년 최흥종은 거세 수술을 하고 아호를 오방五放이라 짓는다. 가
사로부터, 사회로부터, 경제로부터, 정치로부터, 종파로부터 오
는 다섯 가지 욕심과 집착을 버린다. 와세다대학 유학시절 2.8 독
립선언을 이끌어내는 데 주도적인 역할을 하고 동아일보 편집국
장 서리를 지낸 최원순(1891-1936)으로부터 무등산 석아정石啞亭
을 물려받는다. 석아정에 오방정五放亭을 짓고 생활한다. 1945년

오방 최흥종 목사　　　　　　　오방의 신림기도처

8월 17일 전라남도 건국준비위원장에 추대된다. 소치 허련(1808-
1893)에게 사사한 남종화의 대가 의재 허백련(1891-1977)과 함
께 생활한다. 오방은 의재에게 성경을 가르치고, 의재는 오방에
게 도덕경을 가르친다. 의재 허백련에게 오방정을 물려준다. 의
재는 한국전쟁으로 소실된 오방정을 다시 짓고 춘설헌春雪軒이
라 이름한다. 이곳에서 제자를 길러 남종화의 화맥을 잇는다. 의
재는 1977년 타계할 때까지 30년 동안 이곳에서 산다. 오늘날 의
재미술관이다. 오방은 1949년 의재 허백련과 함께 삼애학원三愛
學院 농업고등기술학교를 설립하여 젊은이들을 농촌지도자로 육
성한다. 1956년 음성나환자 수용시설 호혜원互惠園을 나주에 설
립한다. 1958년에는 폐결핵환자를 수용하기 위해 무등산에 송등
원松燈園을, 1963년에는 무등원無等園을 설립한다.

오방 최흥종 선생 사회장(1966)

1966년 2월 10일 금식기도를 시작한다. 금식기도 95일째 되던 5월 14일 소천한다. 광주 시민들은 한국인 최초 시민장을 치른다. 수많은 한센병자들이 장례식에 참석한다. "아버지"를 외치며 오열한다. 아버지가 버린 다섯 가지五放에서 한 가지를 더 취하겠다는 뜻으로 육취六取라고 호를 지은 아들 최득은은 "아버지를 조금 알 것 같다"고 말한다. 최흥종 목사는 가족을 제대로 돌보지 못했다. 1990년 정부는 독립유공자 애족장을 추서한다. 국립묘지에 안장한다.

한국 장로교회

겨자씨 교회

한국 장로교회의 서막

1884년 9월 미국 북장로회의 알렌H. N. Allen이 의사 자격으로 내한한다. 그해 말 갑신정변으로 중상을 입은 민영익 대감을 알렌이 수술로 살리면서 조선 선교의 전기가 마련된다. 조선 선교와 한국 장로교회의 시작은 1885년 4월 5일 부활절에 언더우드H. G. Underwood와 아펜젤러H. G. Appenzeller 선교사가 제물포에 도착함으로 본격화된다. 언더우드와 아펜젤러는 각각 미국 북장로회와 북감리회가 조선에 공식 파송한 목사이기에 이때를 한국 장로교회와 감리교회의 출발로 본다.

세계 기독교 선교사에서 한국 선교의 두드러진 특성은 두 가지다. 이미 한글로 번역된 성경을 가지고 선교사가 입국한 것과 기독교가 제국 침탈에 대항하는 민족자강운동의 에너지가 되었다는 것이다. 스코틀랜드인 중국선교사 존 로스John Ross는 1874년 만주 '고려문'에서 의주 상인 이응찬을 만나 한국어를 배운다. 로스는 이응찬 및 몇몇 한국인들과 함께 1882년 첫 한글 성경인 누가복음과 요한복음을 번역 출간한다. 이 과정에서 백홍준 등 네 명의 한국인이 로스의 동료 매킨타이어John Mcintyre 목사에게 세례를 받는다. 1884년에는 마침내 황해도 장연군에 서경조가 중심이 된 최초의 자생 신앙공동체 소래교회가 설립된다. 한편 1882년 신사유람단의 비공식 수행원으로 일본을 방문한 이수정이 일본 그리스도인과 만나 복음을 받아들인다. 야스가와 도오루安川亨 목사에게 세례를 받은 이수정은 일본선교사 루미스Henry Loomis의 제안으로 1885년 한글 마가복음을 번역한다. 미국 선교잡지에 조선 선교를 호소하는 이수정의 글은 미국 장로회 선교부가 조선 선교를 결정하는 계기를 만들었다. 1885년 1월 일본에 도착한 언더우드와 아펜젤러는 이수정을 만나 간단한 우리말을 배웠고, 그가 번역한 한글 마가복음을 가지고 서울에 들어온다.

한국 장로교회의 시작은 미국 북장로회에서 파송한 알렌(1884), 언더우드와 헤론John W. Heron 선교사(1885)의 입국으로

왜 조선 교회는 두 개의 문을 만들었는가?

본격화된다. 이어서 호주장로회(1889), 미국 남장로회(1892), 캐나다장로회(1898)가 선교사를 파송한다. 호주장로회는 헨리 데이비스와 그의 누이동생 메리 데이비스가 1889년 10월 서울 도착으로 시작된다. 그러나 헨리 데이비스는 몇 개월 만에 질병으로 사망했고, 1891년 맥케이 목사 부부, 멘지스, 포오셋, 페리 등이 부산에 도착하면서 호주장로회의 한국 선교가 본격화된다. 미국 남장로회는 1891년 안식년으로 귀국한 언더우드와 당시 유학 중이던 윤치호가 미국 신학생 해외선교연맹대회에서 한국 선교를 호소한 것이 계기가 되었다. 당시 집회에서 한국 선교에 감동 받은 루이스 테이트Lewis Boyd Tate, 카메론 존슨, 윌리엄 레이놀즈William D. Reynolds, 1867-1951 등은 한국 선교사로 자원했고, 윌리엄 전킨William M. Junkin, 1865-1908 그리고 전킨과 레이놀즈의 아내가 될 메리 레이번Mary Leyburn과 팻시 볼링Patsy Bolling, 테이트의 여동생 마티 테이트Miss Mattie Tate, 셀레나 데이비스 등이 남장로회 '7인의 선발대'로 1892년에 파송된다. 캐나다장로회는 1898년 한국 선교를 시작했지만, 제임스 게일은 캐나다YMCA의 지원을 받아 이미 1888년 내한했다. 토론토 실업인들의 지원으로 말콤 팬윅Malcom C. Fanwick이 1889년, 토론토의과대학기독교청년회의 후원으로 하디Robert A. Hardie, 1865-1949와 에비슨Oliver R. Avison, 1860-1956이 각각 1890년과 1893년에, 윌리엄 맥켄지는 1893년에 내한한다.

국내 최초의 장로교회 세례자는 노춘경으로. 1886년 언더우드의 집례와 아펜젤러의 보좌로 세례를 받았다. 1887년 9월 27일 언더우드는 14명의 한국인 세례교인과 2명의 장로를 창립하고 한국 최초의 조직 교회인 정동교회(새문안교회)를 설립한다. 1893년 승동교회, 1894년 연동교회가 설립된다. 미북장로회 선교사들은 서울 다음으로 압록강 접경지대인 서북지역에 관심을 가졌다. 1893년 마펫Samuel A. Moffett을 중심으로 평양선교부 Mission Station를 개설, 장대현교회와 인근 교회들이 설립되고, 숭실학교·숭의학교·장로회신학교 등이 세워진다. 1899년 대구선교부, 1910년 안동선교지부가 세워졌고, 청주에도 선교부를 설립하여 밀러Frederick S. Miller 선교사를 파송한다. 경남과 부산은 미국 북장로회와 호주장로회가 함께 선교를 시작했다. 미국 북장로회는 1891년 초량에 선교부를 설치했고, 1893년 호주장로회와 미국 북장로회가 경남지역을 분할한다. 호주장로회 선교부가 부산진(1891), 진주(1905), 마산(1911), 통영(1913), 거창(1913) 등에 설립된다. 남장로회는 호남 선교를 담당하여 전주(1895), 군산(1896), 목포(1898), 광주(1904), 순천(1912)에 선교부를 설립한다. 캐나다 선교사들은 1898년 원산에서 사역을 시작해서 성진(1901), 함흥(1904), 회령(1912)과 용정(1913)에 선교부를 설치하고, 만주와 연해주 지역까지 선교 활동을 넓힌다.

왜 조선 교회는 두 개의 문을 만들었는가?

장로회의 초기 선교 활동은 직접적인 복음 전파나 교회 개척을 할 수 없었기에 의료와 교육 사업을 통한 간접 선교를 시작한다. 1885년 알렌으로 시작된 제중원은 의료 선교사 뿐만 아니라 초기 목사 선교사들이 합법적으로 한국 선교를 준비하는 베이스캠프 역할을 한다. 1885년 헤론 의사 부부, 1886년 여성 의료인 애니 앨러즈Ellers A. Bunker가 부인과 책임자로, 1888년 여자 의사 릴리아스 호튼이 부임한다. 언더우드의 권유로 내한한 캐나다 출신 에비슨Oliver R. Avison은 1893년 정부로부터 제중원을 인수하고 세브란스의 기부를 받아 1904년 세브란스병원을 신축한다. 민간 병원이 된 세브란스병원은 한국인을 대상으로 의학교를 개설하여 1908년에는 첫 한국인 의사를 배출한다. 이 중에서 백정 출신의 박서양도 있었다. 언더우드는 1886년 정부의 승인을 받아 고아원 성격의 기숙학교 언더우드학당(구세학당)을 세웠다. 애니 엘러즈는 1887년 최초 여학교인 정동여학교(정신여고 전신)를 시작했다. 한국 장로교회의 선교는 초기부터 지역별 선교 거점인 선교부Mission Station의 3각 선교 체제(병원·학교·교회) 그리고 37년간 중국 선교를 경험한 네비우스John Livingston Nevius의 3자교회 선교 원칙(자립, 자치, 자전)을 핵심 선교 전략으로 삼았다.

미국남장로교회의 호남 선교

1891년 10월 미국 내쉬빌에서 열린 전미국신학교선교대회에서 언더우드와 윤치호의 조선 선교 호소에 감동을 받은 레이놀즈, 테이트, 존슨 등을 비롯한 '7인의 선발대'로 남장로회의 조선 선교가 1892년 시작된다. 1892년 11월 제물포에 도착하여 먼저 정착한 북장로회의 도움을 받는다. 1893년 장로회 공의회가 결성되어 레이놀즈가 회장으로 선출된다. 여기서 남장로회는 충청도 남부 지역과 전라도 그리고 제주도를 선교 구역으로 배정받는다. 본격적인 선교에 앞서 레이놀즈는 마펫의 안내로 공주지역을 답사하고(1892), 전킨과 테이트는 1893년 전주를 돌아본다. 그러나 동학운동과 청일전쟁의 여파로 남장로회의 호남 선교는 입국한 지 3년이 지난 1895년 12월부터 본격화된다. 남장로회의 남도 선교는 첫 내한 후 3년간 서울과 평양에 설립된 북 장로회 선교부Mission 체제와 선교사들의 협력에 힘입었다. 특히 마펫 선교사와의 교류와 평양선교부는 남도 5개 선교부의 모델이 된다.

먼저 1895년 12월 크리스마스 직전 테이트 남매가 전주로 이사함으로 전주선교부가 시작된다. 1896년 레이놀즈가 합류하면서 전주교회가 설립된다(1897). 전주선교부는 해리슨의 노력으로 은송리 초가에서 화산 언덕에 양옥을 건축하며 선교부를 이전한다. 전주선교부의 교육 사업은 해리슨이 신흥학교(1901),

왜 조선 교회는 두 개의 문을 만들었는가?

매티 테이트가 기전여학교(1902)를 시작했다. 의료 사업은 잉골드에 의해 전주예수병원으로 본격화된다.

군산선교부는 1896년 4월 전킨과 드루 가족의 정착으로 시작된다. 1899년 12월 금강이 내려보이는 구암동산에 군산선교부를 건설했고, 윌리엄 불William F. Bull의 합류로 활성화된다. 군산의 남학교(영명학교)는 1902년 전킨 부인에 의해 시작되고, 이어서 여학교 멜볼딘이 설립된다. 남장로회의 의료 선교는 1896년 군산에서 드루 선교사에 의해 처음 시작된다. 이후 다니엘과 패티슨의 군산예수병원은 서울의 세브란스병원에 견줄만하게 발전한다.

1898년 가을 남장로회의 세 번째 선교부가 유진 벨을 책임자로 1년간 준비를 통해 목포에 개설된다. 곧이어 11월에 합류한 오웬 선교사가 1899년 7월 진료소를 개설하자 개항장 목포의 명소로 떠오른다. 12월 말에는 스트래퍼Frederick E. Straeffer가 합류하여 여성과 어린이 사역을 담당한다. 목포 남학교(영흥학교)는 유진 벨이 1903년 가을에, 스트래퍼의 공부방에서 시작된 여학교(정명여학교)는 1904년에 시작된다. 오웬으로 시작된 목포선교부의 의료 사업은 놀런, 버드맨, 포사이드, 하딩, 리딩햄이 뒤를 이었다. 1914년 화재 후 1916년 프렌치병원이 신축된다.

목포 선교의 한계와 광주를 중심으로 한 호남 내륙 선교를 위해 유진 벨과 오웬은 1904년 12월 성탄절 예배를 시작으로 광주 양림동에 네 번째 선교부를 개설한다. 교육 사업으로 광주남학교인 숭일학교는 1908년 30명으로 시작된다. 같은 시기 광주 여학교인 수피아여학교도 시작된다. 광주선교부의 의료 사업은 목포에서 넘어온 놀런이 1905년 11월 스테이션 구내에 진료소를 개설하면서 시작된다. 1912년 그래함 부부의 기부로 신축된 병원은 '광주제중원'으로 불렸고, 같은 해 광주나병원이 별도로 건축된다.

다섯 번째 순천선교부는 1909년 3월 장흥지역 127km를 순회하던 오웬이 급성폐렴으로 4월 초에 사망한 계기로 설립된다. 광주에서 너무 먼 거리를 다니다 과로로 빚어진 일이었기에, 전남 동남부지역을 담당할 새로운 선교부를 프레스턴과 코잇Robert E. Coit에게 맡겨 준비한다. 특히 순천선교부는 조지 와츠의 거액 후원으로 순천읍성이 내려다보이는 매산 언덕에 짧은 기간에 건설비를 집중적으로 투자하여 일괄 시공하는 방식으로 1912년에 조성된다. 순천선교부의 의료 선교는 1913년 티몬스와 간호선교사 그리어가 진료소를 개설하면서 시작된다. 1916년 3층 건물의 알렉산더병원이 완공된다.

1892년 내한한 남장로회 7인의 선발대(소장: 순천기독진료소)

한국 장로교회 공의회와 독노회

4개 교단에서 파송된 한국장로회 선교사들은 치리회의 전 단계로 1893년 '장로회 공의회'를 조직한다. 1893년 장로교 선교 공의회는 자진 전도, 자력 운영, 자주 치리의 3자 원리로 전도, 교육, 의료 사업을 실행하는 네비우스 방법에 기초해 선교 정책을 세운다. 또한, 1893년 4개 장로회 선교부와 감리회 간에 선교지 분할과 선교 협력에 대한 협정을 맺는다. 1905년 장로교 4개 교단과 감리교 2개 교단(미국북, 미국남)이 '재한개신교선교통합공의회 The General Council of Evangelical Missions in Korea'를 조직하고 선교 구역 조정과 협정을 추진했고, 1914년 미북장로회가 경상남도를 호주장로회에 이양하면서 선교 구역 분할 문제가 매듭된다. 한국에 하나의 개신교회를 조직하자는 논의가 1902년 시작되어, 1905년 장·감 두 교단이 한국에서 단 하나의 개신교회를 조직하는 것을 목적으로 '재한개신교선교통합공의회'를 조직한다. 1911년 '개신교선교연합공의회'로 재조직되어, 초교파적 에큐메니칼운동의 효시가 된다. 하지만 각 교단 본부와 선교회의 입장 등 여러 가지 문제로 하나의 개신교회 조직은 현실화되지 못한다.

1903년 영적 각성으로 시작된 원산대부흥운동은 기도회와 사경회를 통한 1907년 평양대부흥운동으로 이어졌고, 1909년 백만구령운동으로 전승된다. 특히 1907년 1월 1,500명이 참석

왜 조선 교회는 두 개의 문을 만들었는가?

한 평양 장대현교회의 남자사경회는 죄 고백과 회개 그리고 용서와 화해가 일어난다. 이렇게 시작된 평양대부흥운동은 선교사, 학생과 신학생, 여성 그리고 전국 교회로 확산된다. 부흥운동의 결과 복음주의 신앙의 정착과 신앙공동체 강화, 선교사의 한국인 영성 재인식과 한국 교회의 신앙 토착화, 에큐메니칼 운동과 교회의 사회적 영향력 확장 등이 진행된다.

대부흥운동이 진행되는 도중에 1907년 9월 17일 평양 장대현교회에서 대한예수교장로회 독(립)노회가 조직된다. 선교회로부터 독립하여 자치권과 권징의 권한을 갖는 한국 장로교회가 탄생한다. 독노회가 채택한 신조와 규칙은 한국 장로교회가 사용하는 헌법의 뿌리가 된다. 노회의 임원은 회장 마포삼열, 부회장 방기창, 서기 한석진, 부서기 송인서, 회계 이길함이 선출되었고, 세계장로교회 연합공의회에 한국 교회가 조직됐음을 통지하고 회원으로 등록한다. 독노회의 중요한 역할은 한국인 목사를 안수하여 지도력을 이양하는 것이다. 최초로 안수 받은 7명의 목사들은 5년간의 신학교 수업과 장로 및 조사 생활을 통해 목회 훈련을 받았다. 길선주 목사는 장대현교회 시무목사로, 그 외는 전도목사로 안수를 받는다. 1907년 장로교회 통계를 보면 교회는 1,022개, 장로교인 수는 72,968명, 목사 7명, 장로 49명, 조사 105명, 남녀전도인 226명 등이다. 첫 예수교장로회 조선총회가

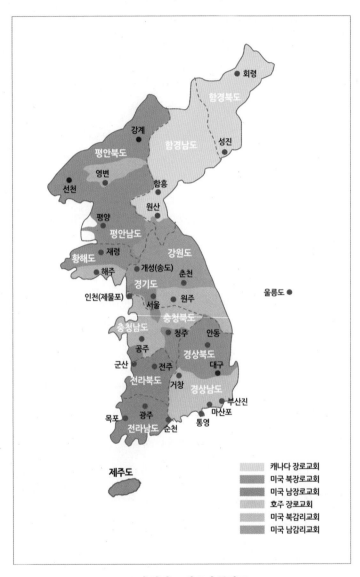

회령
함경북도
강계
함경남도
성진
평안북도
영변
함흥
선천
원산
평양
평안남도
강원도
황해도 재령
개성(송도)
춘천
해주
경기도
울릉도
인천(제물포)
서울 원주
충청북도
충청남도
청주 안동
공주
경상북도
군산 전주 대구
전라북도
거창
경상남도
부산진
목포 광주
마산포
전라남도 순천 통영

제주도

- 캐나다 장로교회
- 미국 북장로교회
- 미국 남장로교회
- 호주 장로교회
- 미국 북감리교회
- 미국 남감리교회

1909년 한반도 선교지 분담도

(출처: 국민일보 2011년 6월 23일자)

1912년 9월 1일에 평양 경창문안 여자성경학원에서 개회된다. 총대는 한국인 목사 52명, 선교사 44명, 장로 125명 모두 221명이었고, 당시 교인 수는 12만 명에 달했다. 1912년 한국 장로회 총회의 결성은 한국 선교가 시작된 지 28년, 노회가 결성된 지 5년 만의 일이다. 미국의 장로교회가 1706년에 노회가 결성된 지 83년 만인 1789년에야 총회가 결성된 것에 비하면 매우 조기에 형성되었다.

일제강점기 장로교회

한일병탄 이후 일제는 국제 여론을 의식하고 법적·제도적 장치를 통해 교묘히 교회를 탄압한다. 첫째로 '개정사립학교 규칙'을 통해 기독교 사립학교들을 무력화하고, 둘째로 '포교 규칙'을 통해 교회를 통제하고 감시하는 체제를 구축하고, 셋째로 교회 지도자들을 고문해서 총독 암살모의 혐의를 조작해 탄압했던 105인 사건이 있다. 총회가 설립되던 1912년부터 1945년 해방까지 한국 장로교회는 3.1운동, 자유주의 신학의 도전, 신사참배 등 힘든 사건이 이어졌음에도 불구하고 안정된 성장 속에 한국 개신교를 주도하는 교단으로 성장한다. 부흥운동을 통해 한국교회가 성장하자 일제는 교회를 경계하기 시작한다. 이 시기 한국 장로교회 105인 사건(1911), 3.1운동(1919), 1935년부터 1945년까지 신사참배 강요와 교단의 통폐합 등 고난의 시간을 걸어간다. 일제의 기독교 탄압 1차 대상은 장로교회였다. 기독교인들은 3.1 운동의 준비 과정, 실행, 전국적 확산에 주도적으로 참여했고, 임시정부와 국내 비밀결사를 조직하는 과정에서도 주도적인 역할을 수행했다. 뿐만 아니라 일제강점기에 이뤄졌던 물산장려운동·절제운동·청년운동 등 사회운동 전반에 걸쳐 한국 교회는 중심적인 역할을 감당한다. 특히 1930년대를 전후해서 펼쳐진 농촌운동은 3.1운동과 더불어, 한국 교회가 민족을 섬긴 상징적인 사회운동이었다고 평가된다. 한국 교회는 애초에 일제의 신사참배 강요에 강력히 항거하였지만, 1938년을 전후로 거의 모든 기독교 교단은 신사참배에 굴복했다. 주기철 목사를 비롯한 적지 않은 그리스도인이 신사참배 강요에 맞서 죽음으로 항거했지만, 1938년 2월 9일 조선장로회 평북노회가 신사참배를 국가 의식으로서 참배하기로 결의한다. 그해 9월 총회까지 전국 23개 노회 중 17개 노회가 참배를 결의한다. 이어서 일제는 전국의 장로교회를 강제로 통폐합시켰다. 광복을 앞두고 '일본기독교조선교단'(1945)에 모든 교단이 흡수 통합되면서 기독교 정체성이 크게 훼손된다. 일제 말기 신사참배 강요의 굴복, 교단의 통폐합 등은 해방 후 한국 장로교회 3차 대분열의 불씨가 된다.

| 왜 조선 교회는 두 개의 문을 만들었는가?

광복 후 한국 장로교회 성장과 분리

해방과 함께 장로교회는 일제 말기에 와해된 교회를 재건함과 동시에 3차례에 걸쳐 대분열한다. 먼저 신사참배 문제를 둘러싸고 1952년 고신파가 분열한다. 연이어 김재준 목사의 신학이 문제가 되어 1953년 '한국기독교장로회(기장)'가 분열된다. 박형룡 박사의 3천만 환 사건이 불거지고 WCC 가입문제가 맞물리면서 1959년 통합과 합동이 분열한다. 1979년 예장합신의 분열로 시작되는 합동의 연속적인 분열로 오늘 한국 장로교회는 2018년 기준 286개 세부 교파로 나눠졌다. 1,000만 한국 개신교인의 삼분의 이 규모로 성장한 한국 장로교회는 미국 장로교회와 함께 세계 장로회의 중요 교회가 되었다. 그러나 양적 성장 이면에는 번영의 신학·정교유착·사회적 책임의 외면·교회 세습 등의 문제도 함께 있다. 한국 장로교회는 전래 초기 선교사들의 헌신과 빛과 소금의 역할을 되돌아보면서 정체성을 갱신해야 할 시점이다.

양림장로교회

세 지붕 한 가족

광주선교부와 양림장로교회의 시작

1896년 단발령 사태 이후 행정 체계 개편에 따라 전라남도가 신설되면서 8월에 전남도청(관찰부)이 나주에서 광주로 옮겨진다. 초대 광주 관찰사로 개화파 인사이자 윤치호의 아버지 윤웅렬尹雄烈이 부임하여 광주 근대화의 움이 트기 시작한다. 전주(1895)와 군산(1896)에 선교거점을 확보한 남장로회는 곧바로 전남지역 선교지 확장에 노력한다. 1896년 11월에서 12월까지 4주간 유진 벨과 전킨W.B Junkin은 육로로 나주와 광주를 답사한다. 이때 두 선교사는 광주에서 윤웅렬을 만나 신도시로 성장할 광주의 선교 가능성을 처음 타진한다. 문서로 확인되지는 않지만, 첫 광주 선교 답사와 이후 수차례 나주선교부 개설을 추진하는 전도 여행으로 '광주군'의 첫 교회인 우산리교회(현 광주 광산군 송정리)가 1898년 초에 설립된다. 이후 광주선교부가 개설되기까지 영산강을 따라 삼도리교회(1899), 구소리교회(1900), 송정제일교회(1901) 등이 설립된다.

유진 벨은 1897년 봄부터 가을까지 어학선생 변창연과 함께 나주에 초가를 구입하고 수차례 선교부지와 건축을 시도하지만 지역 주민의 반대로 뜻을 이루지 못한다. 총회 선교국 총무 체스트 박사Dr. Chester가 내한한 가운데 10월 말 선교회 연례회의에서 전남지역 선교부가 나주에서 목포로 결정된다. 나주에서 목포로 선교부 설립이 진행되던 10월에 조선은 대한제국으로 바뀌고 목포는 개항장이 된다. 목포는 근대화 분위기 속에 1898년 선교부 설립을 통한 건축, 학교, 병원 전도 등 사역이 전개된다. 유진 벨의 전도와 오웬의 진료 그리고 스트레프의 여성 및 어린이 사역 등 동역이 좋은 결실을 맺는다. 목포선교부가 안정되면서 김윤수, 마서규, 지원근 등 목포 교인들이 광주 외각 교회의 목회지원과 선교에 적극적으로 참여한다.

하지만 개항장 목포는 기대와 달리 한국인 1,000명에 인근 주민을 합쳐도 4-5천 명이라는 한계가 있었다. 반면 광주, 나주 지역은 2만 명이 넘었고 주변으로의 선교 확장 여력이 큰 지역이었다. 이런 이유로 1904년 2월 목포에서 개최된 남장로회 선교사 전체회의에서 광주로 선교부를 옮길 것을 결정한다. 3월에는 유진 벨, 오웬, 프레스톤J. F. Preston 선교사가 광주를 답사한다. 나주의 경험으로 선교사에 앞서 목포에서 총순總巡 벼슬을 하다 개종한 전도인 김윤수를 4월에 광주로 보내서 읍성 외곽인 효천면 양림리(현 양림동)에 선교 부지를 매입한다. 12월 중순까지 선교사 임시 사택을 건축하면서 목포지역 권서인 변창연을 조사, 김윤수를 집사로 하여 전도에도 힘쓴다. 1904년 12월 25일 광주선교부의 첫 성탄절 예배가 양림동 언덕 선교사 임시 사택에서 드려졌다. 놀랍게 변하는 풍장터와 서구인의 살림살이를 구경하기 위해 호기심을 가진 광주 사람 200여 명이 눈 내리는 오솔길을 따라 첫 성탄절 예배에 참석했다. 1909년까지 양림동 선교부지는 5만 6천여 평으로 확장되었고, 선교사 사택 9채, 숭일학교와 이일성경학교, 수피아여학교, 제중원, 어비슨의 농림학교 등 양관이 속속 늘어난다. 양관이 늘어나면서 양림동 언덕을 찾는 사람들을 대상으로 한 '구경꾼 선교'도 유용하게 사용된다. 타 선교부와 달리 병원과 학교에 앞서 교회가 먼저 시작된 광주는 복음에 대한 반응 또한 적극적이었다. 《조선예수교장로회사기》는 이날 예배를 양림리교회 설립예배로 기록한다.

왜 조선 교회는 두 개의 문을 만들었는가?

양림동 언덕의 유진벨 사택

"光州郡 楊林里教會가 成立하다. 初에 宣敎師 裵裕趾, 鳴基元이 助師 邊昌淵과 敎友 金允洙를 同伴하여 木浦로부터 本里에 倒着하여 私宅을 定하고 熱心 傳道한 結果로 崔興琮, 裵景洙 等이 信從하여 自己 舍廊에서 禮拜하다가 信徒가 漸次 增加됨으로 北門內 瓦家로 禮拜堂을 建築하고 後에 金允洙, 崔興琮 二人을 長老로 將立하여 堂會가 組織되었고 其後 南宮爀, 李得珠, 洪祐種이 繼續視務하니라."

(《조선예수교장로회사기》 상 1928, 121쪽)

양림장로교회의 성장과 분리

유진 벨의 사랑방 예배처소는 1년 만에 교인이 250명으로 늘어나자 광주읍성 북문안 옛 사창 터司倉(현 충장로 3가)를 임대하여 1906년 50여 평의 'ㄱ자' 목조 예배당을 건축하여 교회를 옮긴다. '북문안교회'의 시작이다. 1907년 증축에 이어 1910년에는 600명으로 교인이 늘어나자 1,000여 명을 수용하는 예배당으로 증축한다. 1908년에 설립한 숭일학교와 수피아학교는 근대교육은 물론 민족의식 함양과 교회 부흥에서 기여한다. 유진벨과 함께 목포와 광주선교부를 설립한 의사이자 목사인 오웬이 1909년 4월 지방 순회 전도 중 급성폐렴으로 순교한다. 미국의 친지들이 선교비를 보내와 1914년에 오웬기념각을 건축한다. 북문안교회의 교인이 증가하고 광주 3.1만세운동의 구심적 역할을 하자 일제는 교회를 탄압하기 위해 '정부 소유'를 이유로 북문안 교회터를 몰수하고 예배당 출입을 막는다. 임시로 오웬기념각에서 예배를 드리다가 1919년 10월 남문 밖(현 금동 101번지)에 남문밖교회(혹은 금정교회) 예배당을 건축한다. 이 무렵(1917-1921) 북문밖 교인 200여 명이 명치정여관터(현 금남로 4가 79번지)에 최흥종 목사를 초빙해 '북문밖교회'(이후 광주중앙교회로 개칭)를 분립한다. 남문밖교회가 광주천 건너편에 있어 양림동 교인들이 여름에 불어난 개천을 건너기가 불편하고, 또한 'ㄱ자' 예배당이 500명 교인을 수용하기에는 좁았기 때문에 1924년 10월 금정교회

왜 조선 교회는 두 개의 문을 만들었는가?

1906년 북문안교회 ㄱ자 한옥예배당 조감도

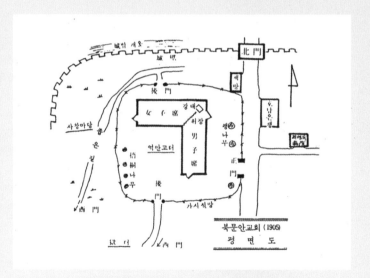

1906년 북문안교회 ㄱ자 한옥예배당 평면도

(자료: 골목길 역사산책자, blog.naver.com/sokhochoe)

1906년 사창 마당터에 세운 북문안교회(1910년 증축 후 사진)

1919년 남문밖교회 ㄱ자 예배당(협화의원 자리)

와 양림교회로 분립을 결정한다. 당시 김창국 담임목사를 비롯한 300여 명이 광주천 건너 양림교회로 분립한다. 남장로회 선교부로부터 양림동 29번지 언덕배기 땅 4백여 평을 기증받아 1926년 60평의 벽돌 예배당을 건축할 때까지 오웬기념각에서 예배를 드린다. 이렇게 1924년의 분립을 놓고 1980년대 광주제일교회와 양림교회 간에 '모교회' 논쟁이 일어났고, 지금까지 완전한 결론을 내리지 못하고 있다.

양림교회에서의 첫 예배로 남장로회 광주선교부가 시작되었고, 광주와 전남지역 복음화를 위한 중심적 역할을 감당한다. 일제강점기에 광주지역 3.1 만세운동을 주도적으로 이끌었고, YMCA와 YWCA 등 근대화와 청년운동에도 교인들이 중요한 역할로 참여했다. 1935년 10월에는 면려청년회관(신선애기념관)을 개관했고, 1936년 9월에는 제25회 조선예수교장로회 총회(9.11-19)가 양림교회당에서 개최되었다. 1937년에 신사참배를 반대하는 양림교회 청년들(김현승·백영흠·문안식·정인세·강태민·이현수·홍성철·전영수·최기영·문천식)이 수감되어 고문을 당하고 벌금형을 받는다. 1943년 일제의 교회 탄압으로 광주 시내 교회가 하나로 통폐합되면서 김창국 목사가 강제 사임된다. 양림교회가 성장하던 일제강점기 최흥종, 강순명, 남궁혁, 김창국 목사 등은 목회 사역은 물론 지역 사회에서도 존경받는 시민사회운동과

민족운동을 감당한다. 한국전쟁 기간 중에는 박석현 목사가 신
앙을 지키다 순교한다.

한국 장로교회 분열과 세 양림장로교회

해방 후 3번에 걸친 장로교단의 대분열 때 양림교회는 두 번에
걸쳐 세 교회로 분열된다. 먼저 1953년 '김재준 목사의 조선신
학교' 문제로 총회가 2차 분열될 때 기장측과 예장측 양림교회
로 분열한다. 김재준 목사를 지지한 당회장 김재석 목사측은 기
존 예배당에 남아 한국기독교회 양림교회(기장)로, 이를 반대한
신자 1백여 명은 오웬기념각에서 예배를 드리며 대한예수교장
로회 양림교회(예장)으로 분리된다. 예장 양림교회는 선교부로
부터 양림동 92번지 2백여 평의 땅을 기증받아, 183평의 변형 고
딕식 2층 붉은 벽돌 예배당을 건축한다(1955-1960). 이로써 양림
동 언덕의 '윗 양림교회'(기장)와 '아랫 양림교회'(예장)으로 나뉜
다. 1959년 9월 예장이 WCC 가입 문제로 합동측과 통합측으로
분열된다. 이때 예장 양림교회는 두 파로 갈라져 2년간 갈등하다
가 1961년 장동식 담임목사를 비롯한 합동측 지지자들이 별도
로 오웬기념각에서 예배드린다. 합동 양림교회도 1971년 선교부
로부터 양림동 113번지 2백여 평의 땅을 기증받아, 변형 고딕식
3층 벽돌 예배당을 건축한다. 이로써 양림동 선교부 반경 150m

왜 조선 교회는 두 개의 문을 만들었는가?

세 양림교회(좌측 아래부터 합동개혁, 통합, 기장)

안에 같은 이름의 양림교회 셋이 생겨서 오늘에 이른다. 양림교회가 분립하거나 분열할 때마다 오웬기념각은 떨어져 나온 교인들의 임시 예배당이 되었다. 남장로회 선교부는 그때마다 땅을 기증하여 새 예배당을 건축할 수 있도록 했다. 세 양림교회(기장, 통합, 합동)는 연합 정신을 구현하기 위해 1998년부터 매년 연합 찬양 예배를 드리고 있다. 같은 역사를 가진 세 양림교회는 교회 창립 100주년을 맞이하면서 2003년 11월 차종순이 집필한《양림교회 100년사》의 1부(1904-1953)를 공동으로 발행한다.

광주 두 개의 문

양림장로교회 오웬기념각

두 개의 문

오웬기념각의 가장 큰 특징은 서쪽과 북쪽 두 곳에 있는 같은 모양의 정문이다. 출입문이 두 개인 것은 건축 당시 유교 문화를 반영하여 남녀 출입을 구분하기 위함이다. 두 개의 문이 똑같은 것은 남녀가 평등함을 나타낸다. 서쪽 문으로는 언덕 위 수피아여학교 학생들과 여자들이, 북쪽 문으로는 길 건너에 있는 숭일학교 학생들과 남지들이 출입한다. 가부장적이고 남녀가 불평등한 당시 한국 문화를 배려하면서 동시에 복음과 근대 문화를 한 장소에서 경험함으로 만인평등과 남녀평등을 구현하려는 미래지향적 정신을 엿볼 수 있다. 두 개의 문(출입문)으로 통하는 현관

왜 조선 교회는 두 개의 문을 만들었는가?

은 요르단의 페트라 유적처럼 벽면에 아치형으로 넓게 음각된 구조다. 한국 개신교 선교부 양식 건물에서 찾아보기 힘든 독특하고 아름다운 디자인이다. 벽면의 벽돌을 비우는 형태로 성곽의 홍예문虹霓門, Arch Gate 같이 반원형의 입구를 만들고, 그 좌우에 7m 높이의 쇠기둥을 둘씩 세웠다. 고전적이면서도 세련된 분위기를 연출한다. 예배와 문화 행사에 참여하는 사람들은 두 개의 문으로 연결된 현관에서부터 일상과는 다른 엄숙함과 근대적 상상을 체험한다.

1914년 건축된 오웬기념각
정방형, 음각 대각선 대칭 두 개 출입문, 함석지붕, 한옥 팔작지붕 형태

1920년대까지 강단 앞에서 뒤쪽으로 휘장이 쳐져 남녀석이 구분된다. 강단 좌측 문으로 들어온 남자는 동북쪽 남자석에, 우측 문으로 들어온 여자는 서남쪽 여자석에 앉았다. 이층으로 올라가는 내부 계단도 좌우대칭으로 두 곳에 두었고, 쪽문 역시 남쪽과 동쪽에 대칭으로 하나씩 두었다. 오웬기념각의 이러한 등가적 출입문 이중화, 출입문과 연결된 현관의 반월형 음각 구조의 아치 그리고 내부 공간의 대각선 대칭 구조는 당시 건축된 많은 선교부 건물에서는 같은 사례를 찾기 어려운 독특한 차별성을 지닌다.

양림동 선교부 건축물은 용도에 따른 차이와 시간 변화에 따른 건축양식 및 구조 변화가 있다. 가장 먼저 지은 유진 벨 선교사의 1904년 초기 사택은 한옥 기와 형태지만 내부는 서양식

남자 출입문인 북쪽 문   여자 출입문인 서쪽 문

을 적용한 절충형이다. 이후 선교사 사택은 양식으로 짓는다. 가족이 생활하는 공간이라 출입문의 남녀구별이 필요 없다. 1910년 전후로 건축한 숭일학교와 수피아여학교는 남녀가 분리된 학교이기에 역시 출입문의 남녀구분이 필요 없다. 1912년 건축된 광주기독병원(제중원)은 환자의 입출입이 편리하도록 현관 정문 하나를 크게 둔다. 하지만 남녀가 같은 공간에 함께 모이는 예배당은 두 개의 출입문으로 남녀석을 구분한다. 1906년 북문안교회와 1919년 남문밖교회는 'ㄱ자형' 한옥예배당으로 남녀석의 구분과 별도의 출입문을 둔다. 1926년 건축되고 1936년 증축된 양림동 언덕의 벽돌 예배당은 회중석 뒤편에 두 개의 출입문을 둔다. 이 예배당은 기장 측 예배당으로 사용되다가 신축 예배당으로 헐릴 때까지 두 개의 문을 그대로 사용한다. 남녀가 구분된 입출입과 남녀석이 분리된 문화는 상당 기간 동안 이어졌다.

1919년 남문밖교회 ㄱ자 예배당 중앙 강대 출입문과
좌우측 두 개의 남녀 출입문

1906년 북문안교회 ㄱ자 한옥예배당
두 개의 출입문

1926년 건립된 양림교회 장방형 예배당 두 개 출입문

**1936년 증축된 양림교회 장방형 예배당 두 개 출입문,
종탑 및 고딕 양식**

예배당으로 사용된 오웬기념각과 커티스메모리홀(유진벨 기념예배당)은 양식으로 건축되면서 두 개의 출입문을 두었다. 회중석은 중앙에 휘장을 치고 좌우 대칭적인 남녀 구분석을 두었다. 커티스메모리홀(1914)은 두 개의 출입문을 회중석 뒤편 벽면에

왜 조선 교회는 두 개의 문을 만들었는가?

1914년 건축된 커티스메모리홀

장방형, 음각형 좌우대칭 두 개 출입문, 함석지붕, 양식 혹은 맞배지붕 형태

1914년 건축된 오웬기념각

정방형, 음각 대각선 대칭 두 개 출입문, 함석지붕, 한옥 팔작지붕 형태

음각 형태로 마주보는 대칭으로 둔다. 반면 오웬기념각은 처음부터 학생과 광주 사람들을 위한 예배당, 강당, 연주홀 등을 염두에 두었기에 두 개 출입문의 방향(벽면)도 분리하고 크기도 넓다. 남녀의 출입을 구분하면서 출입의 효율성도 높이는 설계다.

평신도 건축선교사 스와인하트가 건축한 오웬기념각은 당시 설계도 및 건축 과정에 대한 연구가 별로 없기에 기념각의 설계 의도를 정확히 알 수는 없다. 하지만 당시 선교부가 건축한 여러 건물 그리고 기념각의 역사를 보면, 두 개의 문이 가지는 역사적 가치를 추론해볼 수 있다. 오웬기념각 두 개의 문은 남녀를 구별하는 문화적 배려 외에, 건축공학적으로는 강당 사용의 효율성을 고려한 것으로 보인다. 많은 사람들이 쉽게 드나들 수 있게 하는 것이다. 하지만 정방형 건물의 모서리 강단 배치와 대각선 좌우대칭 내부 구조 그리고 휘장으로 구분되는 남녀석을 고려한 좌우 출입문의 설치는 전통 사회와 근대 사회의 전환기적 접촉점을 담았다. 오웬기념각의 특이성은 '장방형' 평면이면서 'ㄱ자형' 예배당의 대각선 시선을 함께 반영했다. 가변적 공간도 삼랑식의 익랑이 아닌 장방향의 회중석 뒤쪽 중층 위아래 모두에 적용했다. 두 개의 같은 현관이 지닌 아름다움과 함께 스와인하트의 공간 디자인이 돋보이는 지점이다.

　　오웬기념각에 담긴 '두 개의 문'과 '가변적 하나의 공간'은 미래로 나아가는 전환기적 충돌의 공간으로 복음과 근대화를 잉태하는 곳이다. 일제와 해방전후 격동의 근대사와 한국 교회사에서는 상처를 치유하고 새로운 출발을 준비하는 공간이었다. 산업화와 도시화로 광주시가 광역시로 발전할 때 양림동 언덕은 신

　　　　　　　왜 조선 교회는 두 개의 문을 만들었는가?

1910년대 오웬기념각에서 예배 후 유진 벨 목사와 함께

오웬기념각에서 도성경학교

수피아여학교 학생들이 오웬기념각으로 예배드리러 가는 모습(1930년대)

초기 숭일학교 교사(정문 출입)

수피아홀(정문 출입)

초기 광주기독병원(정문 출입)

윌슨 선교사 사택(정문 출입)

'1930 양림 달빛투어'
(출처: 조선일보 2019년 6월 29일자)

도시가 아닌 가난한 구도심이었기에 오웬기념각을 포함한 남장
로회 선교부의 몇몇 유산이 살아남았다. 1998년 5월 7일 광주광
역시 유형문화재 제26호로 지정된 오웬기념각은 지금도 광주기
독간호대의 채플실과 강당으로 사용되고 있다. 1인당 국민 소득
3만 달러와 한국 개신교 신자 1천만 명 시대에 오웬기념각은 조
용히 본연의 역할을 이어가며 과거의 영광을 추억하는 한적한 공
간이다. 동시에 세계화로 인한 불안정성의 증가와 한국 교회의
물신주의와 윤리적 타락으로 인한 정체성 위기를 맞이하여, 과거
근대화와 복음화를 성찰하는 공간으로 순례자의 발걸음이 이어
진다. 오늘 두 개의 문은 남녀를 구분하지 않는다. 처음처럼 차이

왜 조선 교회는 두 개의 문을 만들었는가?

를 인정하되 차별하지 않고 따로 그리고 함께하는 하나님 나라를 기억하고 기념하는 두 개의 문이다.

선교사 오웬과 기념각

양림동 언덕에서 동남쪽 광주천으로 내려오면 양림교회(통합)와 광주기독간호대학 건물 사이에 오웬기념각吳元紀念閣, The Owen Memorial Building이 자리잡고 있다. 광주시내서 양림교로 광주천을 건너면 양림동 언덕 고갯길 초입에 있다.

오웬기념각은 유진 벨과 함께 목포와 광주 선교의 개척자인 오웬Clement Carrington Owen, 1867-1909과 그의 할아버지를 기념하여 1914년에 지은 건축물이다. 오웬(한국명 오원 혹은 오기원)은 1867년 7월 19일 미국 남부 버지니아주 블랙 왈누트에서 태어났다. 4살 때 아버지를 여의고 할아버지 윌리엄 오웬Willam L. Owen의 사랑과 신앙적 가르침 속에 성장한다. 오웬은 햄프던 시드니 대학의 유니언신학교와 스코틀랜드 에딘버러에서 신학 공부를 하며 해외 선교사가 되기로 결심한다. 해외 선교에서 의료 선교의 중요함을 알고 버지니아대학교에서 의학을 공부하고 의사가 된다. 목사이자 의사가 된 오웬은 뉴욕에서 의료 실습 과정 중 1897년 한국 선교사로 지명받는다. 1898년 11월 6일 목포에 도

오웬
Clement Carrington Owen

스와인하트
Swineheart, 서로덕

착한 오웬은 곧바로 유진 벨의 사택에서 진료를 시작한다. 유진 벨과 함께 1904년 겨울 광주 양림동에 선교부를 개설하여 이사하고 진료보다는 인근 능주, 구소, 남평, 자흥 등 순회 전도에 매진한다. 1909년 봄 광주선교부에서 100km가 넘는 장흥까지 순회 전도를 하는 중 급성폐렴으로 4월 3일 마흔 두 살의 나이로 소천한다.

그는 1909년 4월 6일 양림동 선교부 언덕에 묻힘으로 광주의 첫 순교자가 된다. 오웬은 조부에게 광주 학생들의 신앙과 문화 활동을 자유롭게 할 수 있는 강당이 필요하다는 편지를 보냈는데, 사후에 그 소원은 그와 조부를 함께 기념하는 강당이 세워짐으로써 이뤄진다. 미국에 있는 가족과 친지들은 그의 헌신적

왜 조선 교회는 두 개의 문을 만들었는가?

사역을 기리기 위해 선교비를 보낸다. 기념각은 할아버지에 대한 애정이 남달라 생전에 할아버지의 기념각을 지을 계획을 가지고 있었던 오웬의 뜻을 받들어 1914년 건립된다. 기념각 서쪽 정문 위에 달린 현판에 'In Memory of William L. and Clement C. Owen'이라 쓰여 있다. 오웬기념각은 1911년 내한한 평신도 장로 건축선교사인 스와인하트Swineheart(서로덕)가 지었다. 스와인하트는 1931년 서울 종로의 '조선예수교서회' 5층 붉은 벽돌 건물 등 각종 건축 공사를 지휘 감독했기에 선교사들 사이에서 '캡틴Captain'으로 불렸다.

오웬기념각의 건축양식

기념각의 평면은 정사각형의 르네상스 건축양식이다. 양철로 덮인 지붕의 모양은 서양 건축과 달리 한옥 기와의 팔작지붕 형태로 되어 있고 지붕 사방에 8개의 굴뚝이 있다. 벽면은 해남의 갯벌 흙으로 찍었다는 회색 벽돌을 사용하여 네델란드식으로 쌓고, 내부에 나무 기둥을 세워 목재 트러스 지붕틀을 받쳤다. 1층과 2층 사이에 있는 반아치의 창문 그리고 천장은 아름답고 견고하여 건축의 우수성을 보여준다. 북쪽과 서쪽에는 같은 모양과 크기의 정문을 두 개 두었다. 두 개의 정문으로 통하는 현관은 성곽의 홍예문虹霓門과 같은 반원형 아치로 벽돌을 쌓고, 그 좌우에

동쪽 위에서 내려다본 오웬기념각 지붕

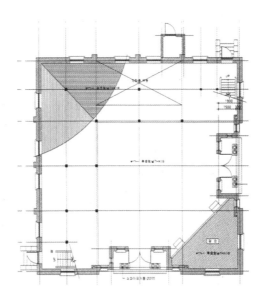

오웬기념각 평면도

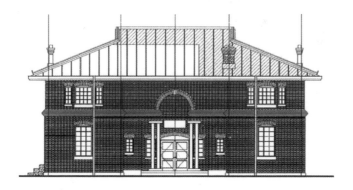

북쪽 정면의 정면도(자료: 광주남구청)

7m 높이의 쇠기둥을 둘씩 세웠다. 또한 동쪽과 남쪽에 작은 문이 하나씩 있는데, 이는 기념각이 강당과 공연장으로 사용되었기에 짧은 시간에 많은 사람들이 원활하게 드나들기 위함이다. 2층 높이의 내부는 뒤편 좌우에 중층과 이를 받치는 나무 기둥이 있지만, 전체가 하나의 통간으로 넓고 쾌적한 느낌을 준다.

장방형 건물이지만 내부는 북서쪽 모서리의 삼각으로 무대 겸 강단을 설치했다. 삼각형 강대를 중심으로 좌우 대칭이고, 강대의 반대편은 'ㄱ자형' 갤러리 같은 중층으로 되어 있다. 중층은 폭 5m의 발코니 형태로 좌우측 벽면으로 이어져 있고, 2층 마루는 앞쪽으로 경사져 있다. 1층 마룻바닥은 강대를 향해 약간 경사져 있어 앉아서도 무대를 볼 수 있게 하였다. 뒤쪽의 ㄱ자형 중층이 있는 공간은 1층과 2층 모두 '분반공부class room'를 위한 별도의 공간으로 구분할 수 있게 접이식 문folding door 같은 조립식 판자문을 설치했다. 장방형의 2층 양식 건물에 팔작지붕 형태를 적용하고, 모서리에 삼각 강단을 두고 좌우 대칭으로 좌석 배치 및 뒤쪽 중층도 좌우 대칭으로 설치 그리고 뒤쪽 발코니 형태의 'ㄱ자형' 중층 위아래를 기변 공간 활용 등 내부 설계가 뛰어나다. 기념각 건축 시 이런 내부 공간의 특징은 몇 차례 수리·보수 과정에서 바뀐다. 해방 후 뒤편의 1, 2층 가변 공간은 없애고, 마룻바닥도 수평으로 고쳐 의자를 놓으면서 강단도 높였다. 그러나

왜 조선 교회는 두 개의 문을 만들었는가?

2017년 문화 행사 당시 오웬기념각 내부

(사진: 광주매일신문 2017년 5월1일자)

초기의 외관과 실내 구조는 잘 보존되어 있다.

　　당시 양식으로 신축되는 선교부의 사택 교회 학교 등 건물은 변형 고딕식과 공간의 효율성을 높인 르네상스풍 건물이 많았다. 남녀의 구분이 필요 없는 사택과, 남녀가 구분되어 사용되는 학교 건물의 출입문은 이용자의 편리성이나 설계상의 목적에 맞는 하나에서 여러 개의 출입문을 두었다. 그러나 남녀가 함께 모이는 예배당과 다목적 강당의 경우 남녀유별의 유교 문화를 고려하지 않을 수 없었다. 이런 연유로 'ㄱ자 예배당'과 '장방형 예배당' 내부의 가림막 혹은 휘장'이 과도기적으로 적용되었다. 'ㄱ자 예배당'은 고정된 공간 구조의 분리를 강대를 기준으로 대각선으로 만나게 하는 형태다. 한국적 상황을 능동적으로 수용한 토착형 방식이다. 물론 'ㄱ자형 예배당'이 완전 새로운 구조로 만들어진 것으로 보기는 어렵다. 1897년에 신축된 정동제일교회 벧엘예배당 같이 19세기 미국 개신교회가 즐겨 사용한 라틴십자가형 변형 고딕식 건물의 경우, 강단을 중심으로 좌우 익랑과 본체의 회중석은 각각 고정 구분된 구조로 대각선으로 만난다. 이 두 공간이 만나 십자형을 이루는 회중석을 하나만 택하여 적용하면 'ㄱ자형 예배당'이 된다. 교회나 선교부의 양식 건물에 이런 'ㄱ자형'이 수용된 것을 평양 장대현교회 등 보수적 장로회 건물과 초기 한국 교회 건축에 일부 적용된 구본신참舊本新參형이라

하겠다. 한편 사각형 평면(정방형과 장방형) 양옥 건물 중간에 가변적인 휘장을 두어 좌우를 구분하는 것은 합리적 편리성과 평등성을 담은 서양 문화 중심의 신본구참형이라 할 수 있다.

비아토르의 쉼터

길 위의 선교사 오웬은 대학 졸업 후 해외선교사가 되기 위해 10년간 신학과 의학을 공부한다. 31살인 1898년 약 11,000km의 바닷길을 건너와 1909년 마흔 두 살로 소천할 때 까지 11년간 약 11,000km 광주와 전남의 길 위에서 복음전파와 진료를 감당한다. 오웬은 사택을 짓고 진료소를 세우고 예배당을 건축했지만, "아빠는 왜 우리와 같이 집에 안 계셔요?"라는 어린 딸의 이야기처럼 한국 선교의 비아토르로서 정주하기보다 묵묵히 자신의 길을 걷다 순교한다. 길 위의 순교자 오웬을 기념하는 기념각은 고정된 용도의 정적인 공간이 아니라 복음선교, 교육, 근대 문화, 민족운동 등의 역사가 흐르는 동적인 공간이다. 또한 떠돌이 신앙 공동체의 아픔을 품어주고 회복시켜 더 새로운 교회로 거듭나게 하는 길 위의 예배당이다.

기념각은 초기에 주로 숭일학교 강단 겸 예배실로 사용되었다. 1920년대는 광주 YMCA 및 YWCA 집회 장소로 사용되었고,

남동쪽 위에서 내려다본 오웬기념각

오른쪽 위로 양림교회가, 왼쪽 위로 간호대학이 보인다.

북쪽에서 바라본 양림교회(통합)와 오웬기념각

남자성경학원 교실로도 사용되었다. 현 한일장신대학교의 전신인 이일성경학원Neel Bible School도 1926년 별도 건물이 마련될 때까지 이곳을 교실로 사용한다. 오웬기념각은 양림공동체의 분립과 분열을 치유하고 회복하는 공간이기도 했다. 길 위의 교회당 첫 번째는 1919년 3.1운동 때 북문안교회가 폐쇄되고 광주천 건너편 남문 밖(금정) 교회의 새 예배당이 건축될 때까지 임시 예배당으로 사용한다. 두 번째는 1924년 협소한 공간과 여름철 광주천의 범람 등의 문제로 양림동 교인이 금정교회에서 양림교회로 분리되어, 1926년 양림동 언덕에 2층 벽돌 예배당을 건축할 때까지. 세 번째는 해방 후 장로교회가 김재준 목사의 조선신학교 문제로 기장과 예장으로 두 번째 분열될 때 '윗 양림교회'(기장)에서 '아랫 양림교회'(예장)가 떨어져 나와 1960년 초 현 위치에 예배당을 건축할 때까지 6년간. 네 번째는 1961년 WCC에 가입하는 문제로 예장 통합과 합동이 분열할 때 합동측으로 분리되어 나온 '옆구리 양림교회'(예장 합동)가 1971년까지 10년간 오웬기념각에서 예배를 드린다.

근대를 공연하고 근대를 성찰하다

오웬기념각이 건립되자 이곳은 학교 강당과 예배당뿐만 아니라 근대연극, 음악회, 무용 등이 공연되는 신문화의 전당이 된다.

1920년 광주 최초 음악회로 김필례 음악 발표회가 열린다. 1921년 5월에는 민족운동가 이강李剛이 인솔한 '블라디보스토크 조선인학생음악단'의 공연이 열린다. 남녀가 손을 잡고 춤을 추는 등 '망명 2세' 학생들이 보여주는 서구 무용과 음악 연주회 등을 보며 광주 사람들은 문화적 충격을 받는다. 학생과 청년들의 연극 공연이 이어졌고 영화도 상영된다. 1920년대 초 수피아여학교 학생들이 공연한 〈열세 집〉 가극은 한반도 13개 도를 안고 춤을 추는 것으로 나라 잃은 백성의 한과 분노를 전한다. 1929년 광주학생운동으로 문화 활동에 대한 감시와 탄압이 강화된다. 1930년 수피아여학생들은 기념각에서 '반일회班日會'라는 이름의 반班 단위 문화 공연으로 '반일反日' 의식을 고취한다. 미 군정 시절엔 잠시 철장을 치고 좌익 사상범 감옥으로도 사용된다. 이후 숭일학교 강당과 전남체육고등학교 체육관으로 사용되다가 1978년부터 현재까지 광주기독간호대학의 강당 겸 예배실로 사용되고 있다.

근대 사회가 고도화된 오늘, 한국인은 근대를 성찰하기 위해서 그리고 신앙인은 믿음의 삶을 성찰하고자 오웬기념각을 찾는다. 광주의 근대화를 찾는 양림동 도보여행자를 위해서는 음악 공연과 영화 상영이 시즌별로 새롭게 선보인다. 1930년대 근대를 공연하던 오웬기념각은 이제 같은 장소 다른 시간을 체험할

왜 조선 교회는 두 개의 문을 만들었는가?

오웬기념각 문화행사 포스트(2018)　　오웬기념각 정율성 기념 음악회(2019)

오웬기념각 무성영화 상영(2018)

(사진: 전남일보, 2018년 7월 22일자)

2019년 오웬기념각 정율성 음악회

(사진: 1930 양림쌀롱, blog.naver.com/salon1930)

수 있다. 오웬기념각에선 현대 창작 라이브 공연과 함께 옛 무성 영화가 상영된다. 2019년에는 세계 5개국 6개 장소를 5G 무선이 동통신망으로 연결한 임시정부 100주년 기념 헌정 공연에 오웬 기념각이 사용된다. 2019광주세계수영선수권대회 기간에는 양림동이 낳은 세계적 음악가 정율성과 정추를 기념하는 공연이 진행된다. 100년 전, 근대를 공연하던 오웬기념각은 이제 100년 전의 근대를 새롭게 재현함으로 내일의 우리를 전망한다. 오늘 오웬기념각에서 만나는 두 개의 문은 과거와 미래를 성찰하는 문이다.

미주

1) 최석호. 2018.《골목길 역사산책 – 서울편》시루. 126쪽에서 136쪽.

2) 옥성득. 2016.《다시 쓰는 초대 한국교회사》새물결플러스. 233쪽에서 247쪽.

3) 이덕주. 2007.《기독교대한감리회 서울연회사 1884~1945》기독교대한감리회 서울연회. 99쪽에서 107쪽.

4) 유동식. 1992.《정동제일교회의 역사 1885~1990》기독교대한감리회 정동제일교회. 65쪽에서 75쪽.

5) 〈대한그리스도인회보〉제1권 48호 2쪽. 유동식. 1992.《정동제일교회의 역사 1885~1990》기독교대한감리회 정동제일교회. 86쪽에서 재인용.

6) 최석호. 2019. "두 개의 문".《기독신문》9월 3일자

7) 金富軾. 1998(1145).《三國史記 Ⅱ》이강래 역. 한길사. 654쪽.

8) 박승근. 2018.《군위군지 上 – 군위 과거와 오늘을 담다》군위군·군위문화원. 671쪽에서 674쪽.

9) 박승근. 2018.《군위군지 上 – 군위 과거와 오늘을 담다》군위군·군위문화원. 699쪽.

10) 이호영. 1998. "삼국통일 과정". 국사편찬위원회.《한국사 9 – 삼국통일》탐구당. 33쪽에서 34쪽.

11) 김유신이 기벌포에서 소정방과 만나기로 약속한 날짜는 660년 7월 10일이었다. 김유신은 황산전투를 치르느라 하루 늦은 7월 11일 도착했다. 金富軾 1998(1145).《三國史記 Ⅰ》이강래 역. 한길사. 156쪽에서 161쪽.

12)《朝鮮王朝實錄》세종 20년 7월 17일 기해 세 번째 기사

13) 盧思愼 姜希孟 徐居正 成任 梁誠之 金宗直 李荇 洪彦弼. 1969(1530).《新增東國輿地勝覽 3》민족문화추진회. 527쪽에서 528쪽.

14) 오세창. 1998(1928).《槿域書 徵》시공사. 819쪽에서 820쪽.

15) 박승근. 2018.《군위군지 下 – 군위 과거와 오늘을 담다》군위군·군위문화원. 1709쪽에서 1719쪽에서 재인용

16) 정상운. 1992. "천세광 – 민족과 교회를 사랑한 복음신앙가". 성결교회 역사와 문학 연구회.《성결교회 인물전 제2집》일정사. 92쪽에서 93쪽.

17) 이종기. 1989.《성씨의 고향》중앙일보사. 1995쪽에서 1997쪽.

18)《朝鮮王朝實錄》고종 29년 9월 16일 신축 첫 번째 기사

19) 일제 공판 기록에 따르면, 군위 집에서 20리 떨어진 곳에 위치하고 있었다고
한다(성결교회역사연구소 편. 2000.《성결교회 관련 불경사건 공판기록》임
용희 역. 205쪽에서 206쪽). 속리산 법주사가 아니라 군위군 소보면에 있는
법주사를 말하는 것 같다. 군위 법주사는 신라시대에 창건된 사찰로서 1690
년에 중건한 보광명전(문화재자료 제535호), 구멍이 4개나 있는 왕맷돌(민
속자료 제112호)과 고려시대 오층석탑(문화재자료 제27호) 등으로 유명한
사찰이다(박승근. 2018.《군위군지 上 - 군위 과거와 오늘을 담다》군위군·
군위문화원. 192쪽에서 194쪽 및 200쪽).

20) 최석호. 2018.《골목길 역사산책 - 서울편》시루. 294쪽에서 296쪽.

21) https://namu.wiki

22) 성결교회역사연구소. 2000.《성결교회 관련 불경사건 공판기록》임용희 역.
206쪽.

23) 정상운. 1992. "천세광 - 민족과 교회를 사랑한 복음신앙가". 성결교회 역사
와 문학 연구회.《성결교회 인물전 제2집》일정사. 93쪽에서 95쪽.

24) 동아일보. 1926. "太極旗 들고 萬歲 부른 千世鳳의 公判". 7월 1일자.

25) 박세영. 2007.《삼천포교회 72년사》삼천포교회. 168쪽에서 174쪽.

26) 晉湯은 震蕩의 오기인 듯하다(저자 주).

27) 정상운. 1992. "천세광 - 민족과 교회를 사랑한 복음신앙가". 성결교회 역사
와 문학 연구회.《성결교회 인물전 제2집》일정사. 96쪽에서 98쪽.

28) Griffis. 1882. Corea the Hermit Nation. Charles Scribner's Son. 37쪽. 李瑄
根. 1961.《한국사 - 최근세편》을유문화사. 97쪽에서 재인용.

29) 李瑄根. 1961.《한국사 - 최근세편》을유문화사. 90쪽에서 117쪽

30) 최석호. 2018.《골목길 역사산책 - 서울편》시루. 185쪽에서 188쪽.

31) 한영우. 2014.《다시 찾는 우리역사》경세원. 427쪽에서 428쪽.

32) 박승근. 2018.《군위군지 上 - 군위 과거와 오늘을 담다》군위군·군위문화
원. 824쪽에서 834쪽.

33) 이충렬. 2016.《아, 김수환 추기경 1 - 신을 향하여》김영사. 34쪽에서 71쪽.

34) 이충렬. 2016.《아, 김수환 추기경 2 - 인간을 향하여》김영사. 36쪽에서 38쪽.

35) 이충렬. 2016.《아, 김수환 추기경 2 - 인간을 향하여》김영사. 127쪽에서

132쪽.

36) 이충렬. 2016.《아, 김수환 추기경 2 – 인간을 향하여》김영사. 133쪽에서 142쪽.

37) 이충렬. 2016.《아, 김수환 추기경 2 – 인간을 향하여》김영사. 359쪽에서 363쪽.

38) 이충렬. 2016.《아, 김수환 추기경 2 – 인간을 향하여》김영사. 379쪽에서 381쪽.

39) 이충렬. 2016.《아, 김수환 추기경 2 – 인간을 향하여》김영사. 429쪽에서 433쪽.

40) 이충렬. 2016.《아, 김수환 추기경 2 – 인간을 향하여》김영사. 468쪽에서 473쪽.

41) 이충렬. 2016.《아, 김수환 추기경 2 – 인간을 향하여》김영사. 523쪽에서 530쪽.

42)《普覺國師碑銘》에 의거 일연의 생애를 재구성하였다. 閔漬. 1295.〈普覺國師碑銘〉채상식. 2017.《일연 그의 생애와 사상》혜안. 346쪽에서 367쪽.

43) 채상식. 2017.《일연 그의 생애와 사상》혜안. 84쪽에서 86쪽.

44) 金宗瑞·鄭麟趾. 1991(1482). "鄭世裕附叔瞻·晏傳".《高麗史 第九册》列傳 券13. 신서원. 84쪽에서 85쪽.

45) 채상식. 2017.《일연 그의 생애와 사상》혜안. 94쪽에서 96쪽.

46) 채상식. 2017.《일연 그의 생애와 사상》혜안. 105쪽에서 110쪽.

47) 신태영. 2013. "삼국유사와 일연의 소망". 一然.《원문과 함께 읽는 삼국유사》신태영 역. 한국인문고전연구소. 644쪽에서 654쪽.

48) 一然. 2013(1283).《원문과 함께 읽는 삼국유사》신태영 역. 한국인문고전연구소. 532쪽에서 534쪽.

49) 김진두. 2005.《웨슬리의 뿌리》KMC. 47쪽에서 56쪽.

50) 홍용표. 2014. "마틴 웰스 냅의 생애와 사상". 글로벌사중복음연구소.《19세기 급진적인 성결운동 지도자들의 생애와 사상》사랑마루. 39쪽에서 64쪽.

51) 박문수. 2014. "셋 쿡 리스의 생애와 사상". 글로벌사중복음연구소.《19세기 급진적인 성결운동 지도자들의 생애와 사상》사랑마루. 116쪽에서 135쪽.

52) 현대기독교역사연구소. 2012.《한국성결교회 100년사》기독교대한성결교회출판부. 29쪽에서 49쪽

53) 성결교회 역사와 문학 연구회. 1990. "정빈 – 한국성결교회 창립의 주역".《성결교회 인물전 제1집》일정사. 24쪽에서 27쪽 .

54) 한국사람들이 한국성결교회를 세웠다는 점을 들어서 강근환은 자생론을 주장한다(강근환, 1987). 정상운은 선교사 상주 이전에 한국 사람들이 한국성결교회를 설립하였으므로 자생교단이라고 주장한다(정상운, 1999). 최미생은 연속성을 주장한다. 한국성결교회는 자생적으로 일어났으나 신학적으로 웨슬리안 사중복음 성결운동의 연장선상에 있다. 또한 초대 교회까지 거슬러 올라가는 교회론적으로 한국성결교회는 연속적이라는 주장이다(Choi, 2017).

55) 이한복. 2018.《한국성결교회 형성사》사랑마루. 218쪽에서 232쪽.

56) Choi, Meesaeng Lee. 2017.《한국성결교회의 뿌리를 찾아서》김성수 역. 서울신학대학교출판부. 175쪽에서 179쪽.

57) 이응호. 1992. "헤슬롭 목사 – 한국성결교회의 제2대 감독". 성결교회 역사와 문학 연구회.《성결교회 인물전 제2집》일정사. 191쪽에서 201쪽

58) 김응조 목사는 3.1독립만세운동으로 4년을 구형받고 1년 6개월 동안 옥고를 치른다. 경성성서학원에서 보낸 시간은 1년이지만 감방에서 보낸 시간은 1년 6개월이다. 헤슬롭 선교사의 배려로 졸업할 수 있었다. 훗날 성결대학교를 설립한다(김응조. 1968.《은총 90년》성청사. 42쪽).

59) 현대기독교역사연구소. 2012.《한국성결교회 100년사》기독교대한성결교회출판부. 137쪽에서 140쪽.

60) 현대기독교역사연구소. 2012.《한국성결교회 100년사》기독교대한성결교회출판부. 84쪽에서 102쪽.

61) 현대기독교역사연구소. 2012.《한국성결교회 100년사》기독교대한성결교회출판부. 368쪽에서 388

62) 박세영. 2007.《삼천포교회 72년사》삼천포교회. 112쪽에서 113쪽

63) 이명직. 1929.《조선야소교 동양선교회 성결교회 약사》33쪽에서 34쪽.

64) 류재하. 2012.《군위교회 90년사 1920~2010》군위성결교회 90년사 편찬

위원회. 126쪽에서 134쪽

65) 《활천》1927년 11월호. 56쪽.

66) 〈성결교회 제1회 연회록〉 1921년 29쪽.

67) 북부지방회·남부지방회·중부지방회·호남지방회·영남지방회·직할선교지
방회 등 6개 지방회가 총회에 대의원을 파송하여 총회장을 선출하고 지방회
가 교역자를 임명하는 지방자치제로 발전한 것이 총회다.

68) 박세영. 2007.《삼천포교회 72년사》삼천포교회. 148쪽에서 155쪽.

69) 《활천》1938년 1월호 40쪽.

70) 류재하. 2012.《군위교회 90년사 1920~2010》군위성결교회 90년사 편찬
위원회. 172쪽에서 189.

71) 가사는 다음과 같다. "낙원의 조선은 사라졌다. 연약한 우리들은 한없이 가
련하다. 천추만대 살아갈 내 고향을 버리고 죄악 많은 타향의 땅 남북으로 방
황하니 가슴 아프다. 반도강산 우리민족아 예수 잘 믿고 영원 무궁히 살 곳
본향 찾아 우리 주님 만나 볼 때 두 손 마주잡고 모든 회포 털어 내고 우리 기
쁨의 노래 부르자. 가련하고 불쌍한 조선동포여 우리가 살다가 가는 곳 그 어
디냐? 지옥의 권세를 깨쳐버리고 천국 가는 그 길은 우리 주 예수밖에 누가
있으랴."(성결교회역사연구소 편. 2000.《성결교회 관련 불경사건 공판기록》
임용희 역. 193쪽에서 194쪽).

72) 가사는 다음과 같다. "태평양 대서양에 흐르는 물은 산골짜기 흘러와 모인
물이다. 우승기를 높이 들고 기뻐하는 것 우리들 힘 모아 싸운 탓이다. 험준
한 태산 거친 파도 우리들의 앞길을 막을 지라도 열심을 다하여 힘써 싸우면
우승기는 영원히 우리 것 되리."(성결교회역사연구소 편. 2000.《성결교회 관
련 불경사건 공판기록》임용희 역. 194쪽.

73) 성결교회역사연구소 편. 2000.《성결교회 관련 불경사건 공판기록》임용희
역. 191쪽에서 198쪽.

74) 대구 복심법원 형사부 安田重雄 판사 판결문.《활천》1989년 1월호~4월호
에서 재인용.

75) 박용구. 2004. "은퇴 후 교회를 개척한 교단의 첫 목회자".《성결교회인물전

제7집》두루. 51쪽에서 57쪽.

76) 박세영. 2007.《삼천포교회 72년사》삼천포교회. 168쪽에서 174쪽.

77) 김정신, 2004. "성공회 서울대성당의 건축양식과 그리스도교 빛의 미학". 《미학예술학연구》제19권 127쪽에서 133쪽.

78) 류재하. 2012.《군위교회 90년사 1920~2010》군위성결교회 90년사 편찬위원회. 212쪽에서 214쪽.

79) 류재하. 2012.《군위교회 90년사 1920~2010》군위성결교회 90년사 편찬위원회. 225쪽에서 229쪽.

80) 류재하. 2012.《군위교회 90년사 1920~2010》군위성결교회 90년사 편찬위원회. 234쪽에서 236쪽.

81) 류재하. 2012.《군위교회 90년사 1920~2010》군위성결교회 90년사 편찬위원회. 245쪽에서 250쪽.

82) 류재하. 2012.《군위교회 90년사 1920~2010》군위성결교회 90년사 편찬위원회. 256쪽에서 298쪽.

83) 문화재청. 2019.《문화유산 유유자적 - 2019 지역문화재 활용사업 290선》15쪽 및 215쪽.

84) 박세영. 2007.《삼천포교회 72년사》삼천포교회. 110쪽에서 113쪽

85) 박세영. 2007.《삼천포교회 72년사》삼천포교회. 148쪽에서 154쪽

86) 박세영. 2007.《삼천포교회 72년사》삼천포교회. 152쪽에서 154쪽.

87) 류재하. 2012.《군위교회 90년사 1920~2010》군위성결교회 90년사 편찬위원회. 172쪽에서 185쪽

88) 문화재청. 2010.《이야기 옷을 입은 경북 문화재 기행》179쪽

참고문헌

서론

옥성득. 2016.《다시 쓰는 초대 한국교회사》새물결플러스.

유동식. 1992.《정동제일교회의 역사 1885-1990》기독교대한감리회 정동제일
교회.

이덕주. 2007.《기독교대한감리회 서울연회사 1884-1945》기독교대한감리회
서울연회.

최석호. 2018.《골목길 역사산책 – 서울편》시루.

1 군위성결교회 문화재예배당

강근환. 1987. "기독교 대한 성결교회의 자생론적 소고".《서울신학대학교 교수
논총》서울신학대학교출판부.

국사편찬위원회. 1998.《한국사 9 – 삼국통일》탐구당.

글로벌사중복음연구소.《19세기 급진적인 성결운동 지도자들의 생애와 사상》
사랑마루.

金富軾 1998(1145).《三國史記 Ⅰ》이강래 역. 한길사.

金富軾 1998(1145).《三國史記 Ⅱ》이강래 역. 한길사.

김진두. 2005.《웨슬리의 뿌리》KMC.

김응조. 1968.《은총 90년》성청사.

金宗瑞·鄭麟趾. 1991(1482).《高麗史 第九册》신서원.

盧思愼·姜希孟·徐居正·成任·梁誠之·金宗直·李荇·洪彦弼. 1969(1530).《新增
東國輿地勝覽 5》민족문화추진회.

동아일보. 1926. "太極旗 들고 萬歲 부른 千世鳳의 公判". 7월 1일자.

류재하. 2012.《군위교회 90년사 1920~2010》군위성결교회 90년사 편찬위원회.

문화재청. 2010.《이야기 옷을 입은 경북 문화재 기행》

문화재청. 2019.《문화유산 유유자적 – 2019 지역문화재 활용사업 290선》

박문수. 2014. "셋 쿡 리스의 생애와 사상". 글로벌사중복음연구소.《19세기 급진적인 성결운동 지도자들의 생애와 사상》사랑마루.

박세영. 2007.《삼천포교회 72년사》삼천포교회.

박승근. 2018.《군위군지 上 – 군위 과거와 오늘을 담다》군위군·군위문화원.

박승근. 2018.《군위군지 下 – 군위 과거와 오늘을 담다》군위군·군위문화원.

박용구. 2004. "은퇴 후 교회를 개척한 교단의 첫 목회자". 성결교회 역사와 문학 연구회.《성결교회인물전 제7집》두루.

성결교회역사연구소 편. 2000.《성결교회 관련 불경사건 공판기록》임용희 역.

성결교회 역사와 문학 연구회. 1990.《성결교회 인물전 제1집》일정사.

성결교회 역사와 문학 연구회. 1992.《성결교회 인물전 제2집》일정사.

성결교회 역사와 문학 연구회. 2004.《성결교회인물전 제7집》두루.

《續三綱行實圖》

신태영. 2013. "삼국유사와 일연의 소망". 一然. 2013(1281).《원문과 함께 읽는 삼국유사》신태영 역. 한국인문고전연구소.

實錄廳. 각년도.《朝鮮王朝實錄》

오세창. 1998(1928).《槿域書畫徵》시공사.

이명직. 1929.《조선야소교 동양선교회 성결교회 약사》

이응호. 1992. "헤슬롭 목사 – 한국성결교회의 제2대 감독". 성결교회 역사와 문학 연구회.《성결교회 인물전 제2집》일정사.

이종기. 1989.《성씨의 고향》중앙일보사.

이충렬. 2016.《아, 김수환 추기경 1 – 신을 향하여》김영사.

이충렬. 2016.《아, 김수환 추기경 2 – 인간을 향하여》김영사.

이한복. 2018.《한국성결교회 형성사》사랑마루.

이호영. 1998. "삼국통일 과정". 국사편찬위원회.《한국사 9 – 삼국통일》탐구당.

一然. 2013(1283).《원문과 함께 읽는 삼국유사》신태영 역. 한국인문고전연구소.

정상운. 1999. "한국성결교회의 기원에 대한 연구, 1907~1910".《성결교회와 역사연구 2》지레출판사.

채상식. 2017.《일연 그의 생애와 사상》혜안.

閔漬. 1295.《普覺國師碑銘》

최석호. 2018.《골목길 역사산책 – 서울편》시루.

최석호. 2018.《골목길 역사산책 – 개항도시편》시루.

현대기독교역사연구소. 2012.《한국성결교회 100년사》기독교대한성결교회출판부.

홍용표. 2014. "마틴 웰스 냅의 생애와 사상". 글로벌사중복음연구소.《19세기 급진적인 성결운동 지도자들의 생애와 사상》사랑마루.

Choi, Meesaeng Lee. 2017.《한국성결교회의 뿌리를 찾아서 – 웨슬리의 성서적 성결과 미국성결운동의 사중복음》(The Rise of Korean Holiness Church in Relation to the American Holiness Movement: Wesley's Scriptural Holiness and the Fourfold Gospel). 김성수 역. 서울신학대학교출판부.

Griffis, William Elliot. 1882. Corea the Hermit Nation. Charles Scribner's Son.

2   정동제일감리교회 벧엘예배당

국민일보, 2017.02.06., "한국 감리교의 아버지 아펜젤러"

김명구, 2018,《한국 기독교회사1》예영커뮤니케이션.

김점동, 2004,《고종황제가 사랑한 정동과 덕수궁》발언.

김지영, 1990, "정동교회의 성장을 통해 본 한국 개신교 교회 건축의 건축적 연구", 성균관대학교 건축공학 석사학위논문.

박경룡, 2008,《정동, 역사의 뒤안길– 개화기 정치의 일번지》중구문화원.

서울역사박물관, 2011,《대한제국기 정동을 중심으로 한 국제교류와 도시 건축에 대한 학술연구》

연합뉴스, 2019.03.01., "3.1운동 100주년 기념예배"

옥성득, 2016,《첫 사건으로 본 초대 한국교회사》짓다.

유동식, 1994,《한국감리교회의 역사: 1884-1992》도서출판 기독교대한감리회 유지재단.

이덕주, 2002,《개화와 선교의 요람 정동이야기》대한기독교서회.

이덕주, 서영석, 김흥수, 2017,《한국 감리교회 역사》KMC.

이덕주 외, 2015,《한국 선교의 개척자 가우처 매클레이 아펜젤러》한들.

이희준,김정일,윤인석, 2007, "한국 개신교 교회건축 예배공간의 평면유형 분류 및 변천 특성 연구 – '평면형대, 교파, 좌석배치'의 연관성을 중심으로-", 대한건축학회논문집, 23(1).

(사)한국기독교문화유산보존협회, 2017,《한국기독교문화재연구원 제3회 학술심포지엄》

정동제일교회 벧엘예배당발전위원회, 2002,《하늘 사명의 전당, 벧엘예배당: 정동제일교회 문화재 예배당 수리보고서》

정동제일교회 역사편찬위원회, 2007,《사진으로 보는 정동제일교회 120년》정동삼문출판사.

정동제일교회 역사편찬위원회, 2011,《정동제일교회 125년사 – 제1권 통사편》기독교대한감리회정동제일교회.

최준호, 2015, "근대기 서울의 개신교 교회의 건축 실험과 변화", 서울대학교 건축학과, 석사학위논문.

한겨레신문, 2015.05.27., "늦은 밤, 정동에서 열리는 '야사·야설' 축제"

홍순명, 홍대형, 1991, "한국 개신교 교회 건축의 유형분석에 관한 연구", 대한건축학회논문집,

웹사이트

기독교대한감리회(kmc.or.kr)

불락지피(blog.naver.com/haejukdl)

빅카인즈(bigkinds.or.kr)

서울 중구청(junggu.seoul.kr)

서울한양도성(seoulcitywall.seoul.go.kr)

약현성당(yakhyeon.or.kr)

옥성득 새로 쓰는 한국교회사(1000Ooaks,blog.me)

요산요수 김규영의 우리문화 이야기(blog.naver.com/flowerbud21)

정동제일교회(chungdong.org)

타논의 세상이야기(blog.naver.com/jcs89225)
한국콘텐츠진흥원(kocca.kr)

3 양림장로교회 오웬기념각

광주매일신문(kjdaily.com), 2017.05,01, "양림동의 숨겨진 매력 찾아 떠나요"
광주시 남구청,《오웬기념각 정밀안전진단 보고서》광주시남구청 문화관광과,
1-22
김수진. 한인수, 1979《한국기독교교회사 (호남편)》크리스챤신문사.
남도일보(namdonews.com), 2018.08.27. "양림동서 차와 함께 즐기는 문화예
술향연"
박종호 외, 2008, "광주 양림동 선교지역 근대건축의 특징에 관한 연구", 공학기
술논문지 1(1):179-195.
송현강, 2018,《미국 남장로교의 한국선교》한국기독교역사연구소.
이덕주, 2008,《광주 선교와 남도 영성이야기》도서출판 진흥.
전남일보(jnilbo.com), 2018.07.22, "라이브 연주와 함께 즐기는 무성영화"
전남일보(jnilbo.com), 2019.07.08., "정율성 음악 시대별 장르별로 만난다"
전병호, 2015, "[초기 내한선교사들의 남도행전 (18)] 잊지 말아야 할 선교사 오
웬, 유진 벨, 탈미지", 대한기독교서회, 2015.09. 178-194.
정창원, 2004, "ㄱ자형 교회건축의 탄생기원과 전개양상에 관한 역사적 연구",
대한건축학회논문집 - 계획계, 20(11), 175-182.
조선비즈(biz.chosun.com), 2019.7.18., "SK텔레콤-외교부, 임정 100주년 헌정
공연 '5G 라이브 오케스트라' 시연 성공"
조선일보(chosun.com), 2019.06.29. " '역사쌤' '모단걸'이 연극하듯이 길 안
내… 웃으며 배우며 골목 워킹투어"
차종순, 2003,《양림교회 100년사(Ⅰ) 1904-1953》기장양림교회 통합양림교
회 개혁양림교회.
차종순, 2009,《양림교회 100년사(Ⅱ) 1953-2004》광주양림교회(통합).

차종순, 1995,《호남교회사연구》호남교회사연구소.
천득염, 2009, "광주 양림동의 근대도시공간적 의미", 호남학연구, 44, 1-32.
최석호, 2018,《골목길 역사산책 - 개항도시편》시루.

웹사이트
광주광역시 남구청(namgu.gwangju.kr)
광주기독간호대학교(ccn.ac.kr)
네이버 블로그 골목길 역사산책자(blog.naver.com/sokhochoe)
네이버 블로그 hymalaya(blog.naver.com/hyupchoi)
대한예수교장로회통합(pck.or.kr)
대한예수교장로회합동(gapck.org)
대한예수교장로회(통합) 광주양림교회(yangrim.org)
대한예수교장로회(합동) 광주양림교회(yangrim.net)
대한예수교장로회(통합) 광주제일교회(first.or.kr)
역사문화마을 양림(visityangnim.kr)
한국기독교장로회(prok.org)
한국기독교장로회 광주양림교회(yangrim.or.kr)
1930 양림쌀롱 블로거(blog.naver.com/salon1930)

예배당으로 본 한국 교회 100년사

왜 조선 교회는 두 개의 문을 만들었는가?

초판 1쇄 인쇄 2019년 10월 7일
초판 1쇄 발행 2019년 10월 15일

지은이   최석호·옥성삼
펴낸이   신민식

서론 ⓒ 최석호 2019
1장 ⓒ 최석호 2019
2장 ⓒ 최석호 2019
3장 ⓒ 옥성삼 2019

편집인   최연순

펴낸곳   가디언
출판등록   제2010-000113호
주 소   서울시 마포구 토정로 222
            한국출판콘텐츠센터 319호
전 화   02-332-4103
팩 스   02-332-4111
이메일   gadian7@naver.com
홈페이지   www.sirubooks.com

인쇄·제본   (주)현문자현
종이   월드페이퍼(주)

ISBN   978-89-98480-06-6 03910

* 책값은 뒤표지에 적혀 있습니다.
* 잘못된 책은 구입처에서 바꿔 드립니다.
* 이 책의 전부 또는 일부 내용을 재사용하려면 사전에 가디언의 동의를 받아야 합니다.
* 시루는 가디언의 문학·인문 출판 브랜드입니다.

이 도서의 국립중앙도서관 출판예정도서목록(CIP)은 서지정보유통지원시스템
홈페이지(http://seoji.nl.go.kr)와 국가자료공동목록시스템(http://www.nl.go.kr/kolisnet)에서
이용하실 수 있습니다. (CIP제어번호 : CIP2019038434)